こころの病が治る
親子の心理療法

網谷 由香利

第三文明社

こころの病が治る親子の心理療法■もくじ

装丁デザイン・イラスト／堀井美恵子（ＨＡＬ）
本文イラスト／磯村仁穂

序章　この本を手に取られた方へ

子どもたちに何が起きているのか

筆者はサイコセラピストとしての臨床経験をもとに、子どもたちが今直面している問題について、読者の皆さんと一緒にこれから考えていこうと思います。そして同時に、私たち大人が何に気づき、どのように子どもたちの問題を予防していかなければならないのか、といった課題を探っていきたいと思っています。

現在、戦後一九五〇年代頃までほとんど存在しなかった不登校は、毎年十万人を超え、ひきこもりは推定百万人を超えているといわれています。ひきこもりに関しては、公になっている数字よりも現実には、はるかに多く存在していると思われます。また、働こうとしない、〝ニート〟と呼ばれる若者が増えていることも現代を象徴する特徴のひとつでしょう。学校に行きたくても行けない、不登校の子どもたち、社会に出たくても出られない、ひきこもりの方たちにいったい何が起きているのでしょうか。

一方、犯罪に関しては、凶悪な少年事件が社会を驚愕《きょうがく》させたことは記憶に新しい出来事ですが、最近では青年による無差別殺人などが起こり、「殺すのは誰でもよかった」

という犯人の動機に、多くの人々が震撼《しんかん》させられました。また、豊かな家庭環境に育った子どもが父親や母親を殺害したり、両親が子どもを虐待して殺す、というような家庭内殺人も現代を象徴しています。

子どもが親を殺す、親が子どもを殺す、という悲劇的な事態を予防するためには、どうしたらよいのでしょうか。臨床現場では、実際に「お母さんを殺す、お父さんを殺す」と面接のなかで話す子どもがいます。子どもたちの〝殺意〟は、テレビニュースという、映像を通した向こうの世界の話ではありませんから、実際に事件を起こしては、取り返しのつかないことになってしまいます。セラピストは、犯行を予防しなければならないことは言うまでもないことですが、この場合、正しいことを押し付け、説教をしては逆効果であり、皮肉にも犯行の背中を押すことにもなりかねません。

このような衝動が起きている子どもを援助するためには、なぜ、殺意が起きるのか、殺意が起きるほどのこころの傷はどれほどの深さか、衝動を抑えることがいかに苦しいか、頭ではなく、自分のこころを通して理解することが必要でしょう。本書には、衝動を抑えられなかった青年が登場し、こころの作業によって、衝動を解決し、実際に事件を起こすことなく、社会に適応することができた例が紹介されています。

強い衝動は突然起きるように見えて、実はこころに深い傷を負い、長い間衝動を理性で抑え込んでいたために起きることが事例を読まれるとおわかりになると思います。つまり、私たち大人が、子どもたちのこころを傷つけないこと、そして支えることが、事件を未然に防ぐ確かな予防になる、ということは言うまでもありません。母親による事件に関しても、かつて母親自身が大人たちから傷つけられてきた子どもだったのではないでしょうか。そう考えると、子どもの事件も大人の事件も、本質的には共通する心理的な問題が存在しているといえるでしょう。

こころのなかの傷ついた子ども

現代には、可能性があるにもかかわらず、能力を発揮できない子どもたちが全国に数多く存在していると思われます。子どもたちが、誰にも理解されずに苦しんでいることは、本人や家族の損失であるだけではなく、日本全体の損失でもあると言えます。かつて、これほどまでに、子どもたちが傷つけられている時代は、おそらくなかったでしょう。私たち大人が、もしも意識せずに、子どもを傷つけていたならば、そのことに気づくということは、大変勇気のいることです。けれども、少しでも気づくことができれば、それは子どもたちに信頼される人間としての第一歩ではないでしょうか。

本書のなかには、子どもに一度も会わずに、母親面接によって子どもの問題が解決したケースが紹介されています。これを読んでいただければ、大人が抱える問題に大人自身が自覚していくことが、子どもたちの回復につながっていくのだとわかるでしょう。

人はいくつになっても、こころのなかに子どもが存在しています。もちろん、ここでいう子どもとは、現在日常にいる（自分以外の）現実の子どものことではありません。こころのなかの子どもの自分です。自分といっても、〝記憶〟のなかだけの過去の子どもとは異なり、日常では意識されない、無意識のなかに今も存在する子どもです。もう少しわかりやすく言うならば、すでに大人になっていたとしても、それは外側のことであり、内側の無意識のなかには、子どもの自分が生きているということです。

たとえば、虐待を例に挙げると、被虐待者が、どんなに〝母親と同じことはしない〟と誓っていても、母親と同じように自分の子どもに虐待をしてしまうのは、意識とは別に、こころのなかに傷ついた子どもがいるからです。その傷ついた子どもは、遠く過ぎ去った過去の存在ではなく、現実に今も大人のこころのなかにいるのです。

たとえ、どれほど生育歴が違っても、多かれ少なかれ、誰しもこころのなかの子どもは傷ついた体験をもっているといえるでしょう。その傷つきは、意識上の記憶にはなくなっていたとしても、こころの深い層に沈んでいます。こころのなかの子どもが傷を回復していなければ、さまざまな衝動が起きてしまい、気づかないまま、目の前の子どもを傷つけてしまうことになりかねません。つまり、子どもを守ることが大人の役割であるならば、こころのなかの子どもが子どもとして自由に生き続けるということが、本当の大人になるということでもあるでしょう。もしかすると、私たちはこころのなかの子どもから目を背け、頭に知識を詰め込むことばかりにとらわれて、真の大人になることに失敗していたのかもしれません。この本をお読みになることで、一人でも多くの方々が、自分のこころのなかの子どもが機能不全を起こしていないだろうかと、内省する機会をもっていただけることを願っています。

不登校、ひきこもり、家庭内暴力や犯罪などの子どもの問題は、子どもたちが自分の身を犠牲にして、大人のこころのなかの問題を表してくれているともいえるでしょう。もしも、自分の代で解決しないのなら、次の世代の子どもが解決しなければならないことになります。この場合、大人自身の問題は未解決のままですから、こころのなかの子どもの傷は放置されることになり、本来の能力を発揮するチャンスを逃してしまいます。子どもの問題によって、せっかく気づかされたことを無駄にし、自分の問題を解決できないことは、大人にとって計り知れない損害ではないでしょうか。本書のなかにも、どの代で取り組むのか、という、世代間に関する問題が複数取りあげられています。

　こころの問題を自分だけの力では解決することができない場合、本書に登場する母親のように、セラピストの援助を受けることがあります。心理療法によって自分の問題に取り組むことは、決して恥ずかしいことではありません。本書を読んでいただければ、クライエント（来談者）の方々が、自分のこころの傷から目を背けずに、困難な（こころの）作業に勇敢に取り組まれるその姿勢に、尊敬の念を覚えるのではないでしょうか。

　すでに周知のことだと思われますが、ヨーロッパ圏においては、日本に先がけて、早くから多くの人々がセラピーを受けています。最初の頃は、主に社会的地位の高い方や、重要な仕事に就いている方などがセラピーを受けはじめたといわれていますが、その後一般に広まっていきました。このように今日、先進国ではセラピーを受けることは特別なことではなく、むしろ、社会に適応して生きていくためには、こころをケアすることが必要でもあるのです。

こころの世界への気づきを

これから紹介させていただく十の事例は、すべて実体験です。もちろん、小説やドラマではありません。1～6の六事例は子ども面接（母子並行面接二事例を含む）、7～9の三事例が母親面接、最後の10の一事例が大人面接です。すべての事例が、初回面接から終結までの経過を述べています。そして、読者の皆さんにより理解を深めていただくために、それぞれの事例の末尾にはケースに関する筆者のコメントを載せました。

事例の方々の問題は、不登校、ひきこもり、解離性《かいりせい》障害、統合失調症様障害、不安障害、間欠性爆発性障害、分離不安、場面緘黙《かんもく》、虐待など、さまざまです。いずれのクライエントの方々も、こころが深く傷ついていることを自覚し、こころが回復したのち、学校や社会で高い能力を発揮しています。誰しも、無限の可能性をもち、未来を担っていく力をもっているということを、クライエントの方々が身をもって教えてくれているのです。けれども、「こんなによくなった」という主張が本書の目的ではないことをお断りしておきます。

筆者は事例をとおして、今の子どもたちはいかに傷つき、苦しんでいるのか、という視点に立ってお話ししていこうと思います。なぜならば、そうした理解がなければ、どうしたらよいのか、という方法など生まれてこないからです。したがって、「具体的に子どもにどう対応したらよいのか」というような、ハウツー形式のマニュアル本ではありません。

臨床から得られた知見から、私たち大人が問題意識をもって、現代社会に生きる子どもたちの傷つきや、私たち自身のこころのなかの子どもの傷つきを自覚する契機になるように、そして、目には見えないこころの世界に何が起きているのかということに気づいてほしいというのが本書の狙いです。

臨床の現場に携わっていると、心理療法の苦しい道のりを最後まで乗り越えられたクライエントの方々には、いつも自然に敬意を抱かされます。本書を読んでくださる方も、そのプロセスにこころを動かされ、目には見えなかった多くの大切なことに気づかれることでしょう。

ケース 1

「生きている」という実感がなかった女の子

暴力を振るう父親と家事を押し付ける母親

A子ちゃんは、中学三年生のある日、大量の薬を服用し、路上で倒れているところを発見されて、救急車で病院に運ばれました。生死の間をさまよいましたが、命は助かりました。退院後、学校からA子ちゃんとお母さんに対する緊急の面接依頼があり、私（セラピスト）はA子ちゃんと会うことになりました。

A子ちゃんの家族は土木業の父親、パート勤務の母親、高校一年生の姉、中学一年生の弟、小学三年生の妹、三歳の妹の七人家族です。父親は母親の再婚相手で、A子ちゃんにとっては義理の父親になります。いちばん下の妹は、義理の父親と母親との間の子どもです。

初回、面接室に現れたA子ちゃんは、終始アイドルタレントのような笑顔を浮かべていました。義理の父親は好きではないこと、母親にも甘えられないこと、母親には負担をかけたくないこと、学校に行きたいけど行くと気分が悪くなってしまうこと、でも家にはいたくないことを、終始ニコニコ笑いながら話しました。

A子ちゃんは、中学二年生のときにリストカットをしたことがありました。その後、うつ的になって、身体《からだ》が思うように動かなくなり、学校に行けなくなったそうです。

面接に通うようになったあと、A子ちゃんは高校に進学はしたものの、すぐに休学しました。休学すると身体は楽になりましたが、心の不安に苦しめられ、突然「死にたい」と思うようになり、自分が嫌でたまらなくなりました。

ここでA子ちゃんの家族環境を見ておきましょう。A子ちゃんの両親が離婚する前の家族は、父親、母親、父親の両親である祖父母、姉、A子ちゃん、弟、妹の八人が父親の実家に住んでいました。広い土地を持つ豊かな農家でしたが、両親の仲が悪く、父親は激しい暴力を振るう人でした。祖母はよく妄想を抱いて家族の悪口を言い歩くなど、精神障害が疑われる人でした。

母親はA子ちゃんが小学五年生のときに家を出て行き、そのまま離婚しましたが、すぐに再婚しました。A子ちゃんは、父親のもとに残されましたが、中学二年生のとき、母親に引き取られます。義理の父親も暴力的な人でした。しつけだといって、ささいなことで殴《なぐ》る蹴《け》るなどの暴力を振るいました。とくに弟に対しては、すさまじい暴力が加えられました。さらには、A子ちゃんを「この女《あま》」と呼んだり、身体に触れたり、性的な言葉を発したりしました。

大人が子どもを性的にからかうことは、性的虐待です。子どものこころは深く傷つきます。しかし、母親はその場にいながら、何も言いませんでした。夫に迎合し、虐待を容認したのです。さらに母親は、パートから疲れて帰ってくるのだから、という理由で、家事をA子ちゃんに押し付けました。夕食の用意ができていないと、子どもを置いて、母親は父親と一緒に二人だけで食事に出かけたりもしました。

A子ちゃんは次のように語りました。「学校に行けなくなった頃、『いじめられるから行けない』と言って、ベッドで寝ていると、お母さんから、バケツの水をかけられたんです。自分の居場所がない。頼るところもない。怒りも感じられない」

母親はA子ちゃんを守ることができず、傷つけていました。A子ちゃんの家族のなかには、誰も守ってくれる人がいなかったのです。

母親も祖母から虐待されていた

セラピストとの面接のなかでの母親は、とてもさわやかで感じがよい印象でした。そのような母親が、どうして子どもを守ることができないのでしょうか。初期面接での母親の話の内容は、家族の状況と実母への礼賛でした。

「母親（A子ちゃんの祖母）に、私の人生の節々《ふしぶし》で（大事なことを）決められて生きてきました。母親は頼りになる人です。私にいろいろやってくれる人です。母親に〝それをやっていい〟と言われないと何も決められません」

母親が子どもの頃、祖母は居酒屋を経営していました。母親の兄は、男であるという理由で祖母から特別扱いをされており、母親は祖母から家事のすべてを命じられていました。祖母は客の一人と永続的な不貞関係にありましたが、この関係を母親は気づかないふりをして、祖母の不貞を秘密にし、ときには、不倫相手とつきあうための協力者にされながら、こころをブロックし、祖母を理想化していました。

祖母は社交的で、人に頼られ、一目置かれているといいます。このような立派な祖母と、ぱっとしない公務員の祖父、高圧的な兄という家族のなかで、母親は祖母にとって、思い通りになる素直な子どもでした。

家事に手抜かりがあったときには、祖母から「ぐうたら、駄目人間！」と罵倒され、いつしか母親は、自分が駄目な人間であると洗脳されていました。自分の判断に自信がもてず、祖母に決めてもらわなければ不安になってしまうのです。祖母にはとても太刀打ちできない、と諦《あきら》め、人生の大切な決断を祖母に委ねたのです。

最初の夫は、祖母の居酒屋にやって来る資産家の客の息子でした。祖母はその男性客を気に入り、この人の息子なら間違いない、という単純な理由で、本人がどのような人間か確認もせずに、娘と結婚させることを決めました。当事者である母親は、絶対者である祖母の判断に矛盾を感じることもなく素直に従い、結婚したのです。

やがて、母親は子どもに対する自分の反応を通して、自分が祖母にされたことを少しずつ思い出していきました。自分は子どもに家事をさせているけれど、同じことを自分もされてきたこと、自分が傷つけられたことを子どもにやってしまうこと、祖母に支配され恐怖心のなかで育ってきたことを語ります。

親に支配されて育った子どもは　自分の子どもに同じことをする

「私はいい子でいるしかなかった。その半面、子どもの前では反動が出てしまう。人前ではいい人をやるけれど、子どもにはわがままになって甘えてしまう」

このように、子どもが大人に守られて自由な子ども時代を生きてこないと、大人になってから子どもに対し、嫉妬《しっと》の矛先が向いてしまいます。自分が親のために我慢を重ねてきたのに、子どもが自由でいるのは許せない、と思い込んでしまうのです。

大人の嫉妬による支配は、子どもの結婚相手の選択にも強い力を及ぼします。自分が決めた相手であっても、親から歪《ゆが》んで育てられたことが影響してしまうことが多いのです。母親の二度目の結婚がその実例です。

二番目の夫は、知り合ってすぐに母親に対して、「何もしなくていいから、そばにいてほしい」と言ったといいます。この言葉は決定的な意味をもちました。母親は「こんな人がこの世にいるのか、と思った」と語っています。もしも母親が子どもの頃、祖母から「居るだけで価値のある存在」として守られていたならば、この夫の言葉に動かされることはなかったでしょう。しかし実際には、祖母から労働力としてあてにされてはいましたが、子どもとしての価値を認められることはなかったのです。

二番目の夫は、妻に甘えて、独り占めすることを求め、そのため子どもは邪魔になり、やがて敵視するようになりました。夫は妻にすがらないと生きられない人、妻は夫に必要とされないと不安になる人、だったのです。このようなカップルの間に子どもが存在すると、親子の関係というより、夫と妻との間を巡る三角関係になってしまいます。妻が子どもを大切にすると、夫は見捨てられたとの感を強くもち、三角関係の勝利者になろうとして、子どもを排除しようとします。妻も無意識的に夫に加担し、見て見ぬふりをします。こうして、子どもは傷つけられていくのです。

このようなことからも、祖母と母親の関係がA子ちゃんの症状に深くかかわっていることがわかります。セラピストは、弟の非行（弟は非行に走っていました）が収まってきた時点で母親面接を終わりにし、A子ちゃんに専念しました。母親は別のセラピストの面接を受けることになりました。

辛い体験を自分から切り離して　解離状態になったA子ちゃん

A子ちゃんは次のように語りました。「昔のことを覚えていない。覚えているのは自分が自分じゃないみたいな、遠くから自分を見ているような感覚だった。誰かに操られている感覚だった」「生きている、という実感をまるで感じられなかった」

人は、こころで受け止められない程の大きな出来事があると、その体験を、あたかも実際になかったことのように自分から切り離し、人ごとのように見るという、こころのメカニズムをもっています。これが解離性健忘《かいりせいけんぼう》、離人症性障害《りじんしょうせいしょうがい》という症状です。

実は、A子ちゃんの面接を始めてから二カ月が経《た》った頃、A子ちゃんに風景構成法という心理検査を用いて絵を描いてもらったことがあります。そこには、解離の特徴とともに、小学校低学年程度の知的能力が現れていました。解離状態になると、知的能力も切り離してしまうことがあります。A子ちゃんが以前訴えていた、生きる実感のなさも解離からくる症状だと思われます。面接初期の頃に見られたアイドルタレントのような笑顔も、辛い体験から自分を切り離していたことの表れでしょう。

A子ちゃんを、その解離状態から回復させるためには、自分から切り離していたその辛い出来事を思い出して体験し直す、というこころの作業に取り組まなければなりません。A子ちゃんにとってそれは、苦しい命がけの作業となります。やがて、A子ちゃんは祖母の家で、ある事件に遭《あ》ったこと（被害）を少しずつ思い出していきました。

従兄によるレイプ被害

誰にもこころを守られずに「生きている」という実感がもてなかったA子ちゃんはセラピスト（筆者）と出会い、面接が進展するとともに、ある出来事を思い出してきました。

初回面接から一年半が経った冬のある日、母親の留守中に従兄《いとこ》（母親の兄の子ども）がA子ちゃんの家にやって来ました。彼はA子ちゃんが寝ている部屋に入って来てクスクス笑い、窓をバンッと叩《たた》いて帰っていきました。布団をかぶり、息を殺していたA子ちゃんは、とても怖くて身体が震えました。このことをきっかけに、祖母の家で従兄にレイプされたことを思い出すようになりました。

面接でA子ちゃんは、長い沈黙をした後、声をあげて泣きながら次のように語りました。

「中一の頃、お祖母ちゃんの家に泊まったとき従兄に……。最近思い出してきた。誰にも言ったことはなかった。助けてくれる人は誰もいなかった。最近、従兄に追いかけられる夢を見るんです」

人間には、こころに収められない出来事があると、それを意識から切り離してしまうメカニズムがあることは、すでに述べました。実は、A子ちゃんが中学を卒業する直前に、ロールシャッハテストという心理検査を行ったのですが、そのなかで「性的虐待」を疑う要素が表れていました。意識では切り離していても、無意識に存在していたことの表れでしょう。A子ちゃんのこころが根底から回復するためには、意識から切り離された〝傷つき〟を引き戻すことが必要になります。

「それは二回あった。そのときは怖くて逃げられなかった。従兄には逆らえなかった。悪戯《いたずら》は何度もされていた。私は、ずっとそのことをなかったことにして明るく振る舞ってきた。こんなに自分が傷ついていたなんてわからなかった。カウンセリングを受けるようになって初めて感じてきたんです。従兄のことがあって、その頃から自分が自分ではない感じだった。被害に遭ってから、どんな傷の痛みも全然感じなくなった」

ここで語られているのは、症状としての解離そのものです。A子ちゃんに解離症状が現れた原因には、家族の守りがなかったことと同時に、このような被害体験があったのです。

従兄への怒りを、意識に引き戻す

A子ちゃんがレイプのことを語ったときには、母親は祖母に勧められて、夜もスナックで働き始めていました。スナックのママは祖母の友人です。祖母はママを通して、母親を操作し、自分を大切にするように仕向けました。母親は祖母の思惑通り、「たまにはお祖母ちゃんの家に行きなさい。かわいそうよ」とA子ちゃんに言ったそうです。

A子ちゃんは、次第に母親への怒りも語るようになりました。

「私は、お母さんへの怒りを認めないように目を背けてきた。お父さん（義理の父）に傷つけられても、お母さんは気づいてくれないどころか一緒に笑っていた。許せない」

A子ちゃんのこころが、切り離していた傷つきと繋《つな》がるようになってきました。「従兄はいつも堂々としていて、（レイプしたことに対する）罪悪感のかけらもない。私たち姉妹に対して、いつもいばっていて、私は逆らうことができなかった」。この時期、A子ちゃんは、「あの時」を再現する夢を見て、うなされるようになりました。

「最近、悪いのは、従兄なんじゃないか、って思うようになりました。今までは、私が悪いと思っていたんです」。このように、被害に遭った人は、自分が悪いと思ってしまうことがあります。

この後、A子ちゃんはセラピストに支えられて、〝心理化された怒り〟を体験するようになりました。A子ちゃんは、失われた自尊感情を取り戻すことができるようになりました。そして、この出来事を母親に話そうと思い始めます。母親に話すことには不安もありましたが、幼い妹たちが、自分と同じ被害に遭うのではないか、と考えたことが、A子ちゃんの決断を後押ししました。妹たちは何も知らずに祖母の家に出入りし、従兄と会っていたのです。そして何よりも、「あの時」の傷は、今もA子ちゃんに大きな痛みをもたらしていることを自覚するようになったのです。怒りの心理化と同時に、外的世界（現実の世界）でも傷に対処し、けじめをつけようと考えたのでしょう。

「従兄とのことは、こころの奥底にある。そのことを考えると頭がぼやけてきて思考できなくなる。（義理の）父親に傷つけられたことはもう過去のことに思える。でも従兄から受けた傷は、今も消えることはない。従兄が今、のうのうと生きていることが許せない」

A子ちゃんは、従兄による出来事と、そのことを警察に訴えたいと考えていることを母親に伝えてほしい、とセラピストに求めました。

A子ちゃんはさらに、なぜ強く従兄を拒否できなかったかについても鮮明に思い出していきました。祖母は、母親とその兄（従兄の父親。A子ちゃんの伯父《おじ》）との間に、上下関係をつけていました。それが、A子ちゃんたち子どもの世代に持ち越されていたからです。

母親の背後にある祖母がA子ちゃんをも傷つける

セラピストから事実を聞かされた母親は衝撃を受け、A子ちゃんに何度も謝罪しました。そして母親は、従兄の両親（母親の兄とその妻）に泣きながら訴えましたが、伯父は「A子は病気だから、病気を息子（A子ちゃんの従兄）のせいにしているんじゃないか」と母親に言ったといいます。祖母は「当時A子は、不安定だったからだ」と言い、伯父の味方をしました。さらには、A子ちゃんの家に伯父から電話があり、「A子を出せ。警察に行くなら勝手にしろ。悪戯は何度かしたかもしれないが、息子がこのことで傷ついているんだ。どうしてくれるんだ。もういい加減にしろ」と威嚇《いかく》してきました。

A子ちゃんは、電話を受ける母親の様子を見ていました。母親は兄（A子ちゃんの伯父）を怖がり、震えて泣いていたといいます。

このような性的被害は、被害者の混乱と恐怖が強いため、加害者から強要されるとそれを拒絶することが難しいのです。とくに加害者が身内でよく知っている相手であれば、心理的混乱はさらに深まり、抵抗力を奪われます。

A子ちゃんは母親と一緒に警察に行きました。けれども、時間が経ち過ぎていることや証拠を立証することが難しく、また味方であったはずの母親が、祖母の影響で徐々に及び腰になり、結果的に不起訴となりました。祖母は「過ぎたことをいつまで言っていてもしょうがないだろう」と母親に言っていたといいます。祖母は娘である母親だけではなく、孫であるA子ちゃんをも傷つける存在でした。

A子ちゃんは「怒りがこみあげてきて耐えられない。身内に犯人がいるのに誰も何もしない」と無念の思いを語りました。しかし、それでも内的（心的）作業は続きました。A子ちゃんの夢のなかに伯父と従兄が現れ、A子ちゃんは二人にすさまじい怒りを向けましたが、母親が止めに入ったという夢を見ました。この夢を見てからA子ちゃんは、「お母さんは今もお祖母ちゃんと繋がっている。お母さんがお祖母ちゃんを切ってくれないと、従兄を切った気がしない」と訴えました。

母親は毎週、祖母と会っていました。面接のなかでの〝従兄の切断〟は、こころのなかで行われる作業ですが、A子ちゃんの苦しみは深く、現実の世界でも従兄と繋がる人との関係を切断しなければ、こころは乱れるばかりでした。

A子ちゃんの姉は十九歳になり、母親の働くスナックでホステスとして働くことになりました。その背後には祖母がいました。母親は祖母の家から、もう使わなくなった古い品物をもらってきました。祖母の家にあった古い品物は、「あの時」の恐ろしくも屈辱的な出来事を思い出させます。A子ちゃんはボロボロ泣きだしました。この後、夢を見ました。

「従兄と伯父さんが出てきた。私は二人をすごく殴っている。こころのなかでは殺すことができた」。これは、心理化された怒りを生き、二人を切断できたという夢です。

〝母親切断〟を成し遂げる

しかし、母親と祖母の問題は残っていました。母親は祖母の面倒を見るため祖母の家に引っ越すことを提案しました。A子ちゃんは面接のなかでこのことを話題にしながら、「こころのなかのお母さんを切るしかない」と言いました。その三カ月後に、A子ちゃんは「こんなイメージが出てきた」と語ってくれました。

「私とお母さんが宇宙にいて、私は身体をぐるぐる巻きにされている。猫が出てきてロープを外してくれた。お母さんはそのことに怒《いか》って燃えちゃって灰になって、はるか宇宙の下に落ちていった」

こころに描かれた深いイメージというのは、夢と同様に無意識から生まれてきます。A子ちゃんはこころのなかで〝母親切断〟を成し遂げ、母親の影響から離れることができたのです。従兄との問題も、現実的に復讐することをせずに、心理化して解決することができました。

A子ちゃんはその後、自ら選んだ通信制の高校に入学しました。健康なこころの機能や感性を取り戻したA子ちゃんは本来の能力を発揮できるようになり、学力も非常に高く、優秀な成績で、三年間無償の奨学金が得られる奨学生に採用されました。現在は公共施設のスタッフとして仕事をしながら、大学受験を目指して勉学に励んでいます。「勉強すると、どんどん吸収できる。将来は大学院にも行きたい」と目を輝かせています。

Ａ子ちゃんは、五年半にわたる苦しい作業を、逃げることなく見事にやり抜き、知的で美しく感受性豊かな女性になりました。内的作業の成功の次には、人生の成功者になることでしょう。

■三代にわたる病理の感染

子どもたちがこころに深い傷を負っているとき、心理療法のプロセスを乗り越えるためには、生死の境をさまようほどに、傷の痛みに耐えて苦しみを生き抜かなければならないことがあります。Ａ子ちゃんはそのこころの作業を最後まで諦《あきら》めずにやり遂げました。その勇気と精神力に頭が下がる思いです。

Ａ子ちゃんは、セラピーを受けて自らの傷の自覚ができるまでは、性的虐待の出来事も、母親との関係も、すべて自分が悪い子だから、と罪悪感をもっていました。罪悪感は自分を責めて傷つけることであり、心理的なリストカットともいえるでしょう。Ａ子ちゃんは、外（周囲）から傷つけられ、そのうえ自らも傷つけていました。どうして、Ａ子ちゃんは傷つけられなければならなかったのでしょうか。

A子ちゃんの母親は子どもを守ることができない方でした。A子ちゃんの母親自身が、自分の母親から守られず、傷つけられていたからです。A子ちゃんに男性恐怖症を起こさせた忌《い》まわしい出来事も、A子ちゃんの母親と祖母との関係から生まれたものといえるでしょう。A子ちゃんの母親は、祖母から性差別を受けていました。母親が女の子に我慢をさせる構図は、どこからきているのでしょう。自分も同じ性の女であるにもかかわらず、性差別をすること自体にすべて表れています。つまり、自分は女であることで、我慢をしてきたのでしょう。そうでなければ、理屈抜きに自然に女の子を大切にするはずです。

また、このような兄妹関係は、助け合うことがなく、トラブルが多かったり、憎しみあったりもします。そして、常に母親を中心にしなければならない構図が作られています。子どもたちはそれぞれ母親の病理に翻弄《ほんろう》されているのです。兄妹は、同胞ですから、当然敵ではなく、いくつになっても助け合い、尊重し合うものです。

けれども、幼少のときから、このように差別を受け続けると、兄妹間は劣悪な関係になってしまいます。A子ちゃんの母親と兄との上下関係が、大人になっても持ち越され、その子ども同士の間にも、上下関係が生まれていたのです。その結果、祖母の家でレイプという事件が起き、A子ちゃんは身体にもこころにもケロイドのような傷を残す被害に遭《あ》ってしまいました。祖母の思惑の被害に遭った母親は、祖母との関係を解決しないまま、つまり支配されたまま、結婚し、子どもを産んでしまったため、その悲劇は受け継がれ、子どもが犠牲になったのです。祖母の病理（自分自身の傷の自覚ができないまま、目の前の子どもを傷つける）が感染し、母親自身も同じ病理の大人になってしまいました。だからこそ、どの代で解決しますか、ということになるのです。A子ちゃんの場合は、母親の代で解決できずに（母親は別のセラピストとの面接を途中でやめてしまいました）、次の世代のA子ちゃんが、命がけで取り組み、解決しました。

事例のなかでは触れていませんが、A子ちゃんの弟は一度は落ち着いたように見えましたが、すぐにリバウンドしてしまい、さらに重い問題行動が現れてきました。それは子どもの世代に解決を任せたために、子どもそれぞれが取り組まなければならないことになったからです。つまり、母親が自分の母親との関係を内的に解決すれば、子ども全員を守ることが可能です。けれども、子どもの代に任せ、A子ちゃんだけが取り組んだために、弟に重い問題が出たことは当然といえるかもしれません。ですから、大人が自覚し、自分自身のこころの問題に取り組むことがいかに大切か、ということがおわかりになるでしょう。

現在のA子ちゃんは、高い能力を発揮しながら、実社会で活躍しています。この能力はA子ちゃんが本来もっていたものです。解離《かいり》という障害は、健忘という、記憶を消す作用があります。

かつてのＡ子ちゃんは思い出したくない記憶を消し去り、同時にそれは知的能力も下げていました。自分を防衛するための症状なのです。

私はＩＱ（知能指数）によって、その人の本当の能力を測ることはできないと思っています。あくまで、そのときの状態のＩＱであって、こころが健康になれば、おのずとすべての能力も変化します。その意味からも、そのときの能力検査の結果が絶対のものさしではありません。もちろん、受けたときの状態の参考にはなるとは思いますが、数字によって、その子どもの可能性を否定するような、固定観念をもってはならないことが、Ａ子ちゃんの事例からもおわかりになるのではないでしょうか。

ケース 2

〝三〇〇人格〟を共有していた姉と弟

姉と弟が同時に不登校に

B子ちゃんは、中学入学後から不登校になりました。三歳年下の弟、C君も同時に不登校になりました。二人は公的機関のカウンセラーから面接を受けていましたが、B子ちゃんは、二人のカウンセラーから、同時期に（同じ一週間に）曜日を変えて面接を受けており、そのうちの一人のカウンセラーは、自分の家にB子ちゃんを呼んでお茶を飲んだり、B子ちゃんの家を訪ねたりしていました。

重篤なこころの状態にある子どもとかかわる際には、こうした日常的なかかわりは、控えなければなりません。心理療法における「枠」を壊さないことが重要だからです。

二人の子どもの状態が悪化しているように思った母親から、私（セラピスト）に姉と弟の二人に対する面接依頼がありました。B子ちゃんは十五歳（中三）、C君は十二歳（小六）になっていました。両親は離婚しているので、姉弟は母親と三人で暮らしています。B子ちゃんの母親は生活保護を受けずに、内職による収入で生計を立てていました。

公的機関の面接は無料で受けることができるにもかかわらず、母親は自費による面接を選択しました。二人の子どもの状態を切実に心配しているからなのでしょう。二人は家にひきこもり、外出できなかったため、私の面接は自宅訪問形式で行いました（ただし、現在はいかなる場合でも、訪問面接や同一セラピストが姉弟の両方と面接を行うことはしておりません）。

B子ちゃんの面接を中心に行うために、B子ちゃんは五十分、C君は二十分という面接時間を設定し、時間差をつけました。セラピーは、日常とは違う次元のこころの作業を行うので、本来、非日常的な場で行わなければならないのですが、このケースのように、やむを得ず訪問面接を行った場合、クライエント（セラピーを受ける者）とセラピストは、面接時間以外では会わないなどの「枠」を厳しく守っていきます。

二人に共通の空想の人物

初回面接は夏の名残《なごり》を感じる、まだ暑い九月の初めに、B子ちゃんの部屋で行いました。彼女は長い髪を腰まで伸ばし、全身黒ずくめの真冬の服装で部屋の隅にたたずんでいます。現実の世界で生きているようには感じられず、まるで大きなカラスがうずくまっているようでした。彼女の部屋には、女の子を感じさせるものは何もありません。戦う兵士のフィギュア（人形）が飾られているだけでした。B子ちゃんは自分で作った魔法の世界の物語の登場人物について、独り言のように話し続けました。

一方、C君はタンクトップに半ズボン姿で髪を肩まで伸ばしていました。彼は人形を使って腹話術をし、内容は、魔法やゲームのキャラクターのことです。二人の話は非現実的な内容でしたが、それぞれ、時間いっぱいまで話し続けました。こうして、二人とも空想だけを語る状態が五カ月間続きました。

六カ月目になると、二人は母親に車で送迎してもらい、面接室で面接を行うようになりました。B子ちゃんの空想話は、とりとめがなく、まとまらないものでしたが、この頃から空想のなかに一人の人物が姿を見せ始めました。「ミミオ」(仮名）です。ミミオは、猫の耳を持っている強いヒーローです。力が強いだけではなく、若々しくて美しくて、知的で、法律家でもあり、医師免許も持っている、と言います。いくつもの顔をもっているミミオが、B子ちゃんを守っているのです。

C君の面接でもミミオが話題に出るようになり、B子ちゃんとC君の二人は、この空想の世界を共有して生きていることがわかってきました。面接開始から一年が経《た》った頃、二人はそれぞれ、空想世界をアニメ画として描いて持参するようになりました。やがて二人の話から、ミミオは単なる空想で作り出したフィクション上の人物だけではないことがわかってきます。ミミオはB子ちゃんのなかの副人格でした。

B子ちゃんは解離性《かいりせい》同一性障害（以前は多重人格性障害といわれていました）です。従来、北米で多く報告されていた多重人格は、交代人格（主人格と副人格が交代する）が主だったものとされていました。しかしB子ちゃんの場合、ミミオという副人格と交代せずに、ミミオが主人格であるB子ちゃんとかかわりをもっているところに、特徴があります。

この障害は、解離性障害という大きな疾病のなかに含まれますが、臨床心理の視点からは、深刻なこころの外傷から生じてくると理解されています。

面接のなかで、B子ちゃんは次のように語りました。「ミミオは空想のなかでは、幼稚園の頃からいたんだよね。でも、この面接を始める半年前から、実際に出てきてつきあうようになったの」。

単なる空想ならば、好きなときに、好きな内容を作り出し、そのなかで遊び、嫌になればやめられますが、解離性同一性障害の症状として現れる副人格のミミオは、姉弟の意識のコントロールを超えて出現し、自在に動き回ります。

面接を始める半年前までは、空想上の人物に過ぎなかったのに、今では副人格として現実の世界に出現するようになったのです。こうした重篤な同一性障害の症状が現れる、はるか以前の幼稚園の頃から、二人が空想の世界に入りこまなければならなかったのはなぜでしょうか。B子ちゃんは語りました。

「思えば、昔から私はいなかったかもね。Cがよく言うんだけど、私はお母さんによく殴《なぐ》られて、蹴《け》られていたって。でも、小さい頃のことはまったく覚えていない。殴られていたことも蹴られていたことも記憶がない。私はお父さんに一回も反抗したことがない。反抗したら怒られるから。昔よく両親が喧嘩《けんか》していた。お父さんは、口ではお母さんに負けるから、そのあと暴れてすごい音がして、恐ろしくて、悲しかった。私はずっと両親に気を使っていたんだよね」

大人の守りがなかった二人

子どもは大人から暴力を受けたり、大人の争いを見せられると、こころに深い傷を負います。「私は、小さい子ども（弟）の面倒を見ることが好きな子だ、と周囲から言われていたんだよね。でも、実際には子ども（弟）の面倒なんか見たくもなかった」と言うB子ちゃんは、小学校に入学する頃から、C君の日常生活の面倒を見ていたそうです。子どもに大人の役割を押し付けるなど、過度な精神的負担を与えることも、子どものこころを傷つけます。

B子ちゃんとC君は、子ども同士で互いにかばい合いながら生きてきたのです。大人の守りが必要な幼い時期に、現実の守り手がなかった二人は、空想のなかで自分たちの守り手を作っていったのでしょう。

B子ちゃんは、副人格のミミオが自分にとってどのような存在なのかを教えてくれました。

「ミミオは、B子ちゃん（自分）を守るためにいるの。B子ちゃんは空想世界のなかで、その世界に住んでいる人々に愛され、大切にされているの」

空想は一見、他愛のない遊びのように見えますが、実は〝こころの守り〟という大切な役割を担っているのです。子どもは本来、大人から守られ、支えられる権利があるのですが、この当たり前のことが果たされなければ、子どものこころは破壊的な力にさらされます。二人が空想のなかに求めざるを得なかったこころの守りは、生きていく上で必須のものだったといえるでしょう。

B子ちゃんは「幼い頃の出来事を覚えていない」と言います。「中学一年生のとき、保健室登校をしていたようなんだけど、自分が確かにそこにいたという感覚がない。外から自分を見ている感覚だった。幼い頃の記憶についても、記憶にもやがかかっているのではなく、記憶を〝切った〟という感じがする」と語りました。

これは「健忘《けんぼう》」と「離人《りじん》」という症状です。これらは、解離性障害に含まれるもので、深いこころの傷を負ったとき、その痛みを忘れたり、こころの一部を麻痺《まひ》させたりすることで防衛しようとする、こころのメカニズムのひとつです。

健忘になると、記憶の一部が消えてしまいます。離人になると、目の前で起きていることに実感が伴わず、自分が自分であるという感覚が損なわれてしまい、まるで自分を外から眺めているような感じをもつようになります。こうした状況になると、現実に起こる出来事に対してこころが感じなくなり、現実よりも空想にリアリティーを感じるようになります。B子ちゃんは解離性健忘、解離性同一性障害、離人症性障害などの症状をもっていたのです。

一方、C君は腹話術を通して、ミミオやその他の友人たちのことを話してくれました。現実には二人は自宅にひきこもり、誰にも助けられることなく、お互いに支え合っていたのですが、空想のなかでは、大勢の友達に囲まれており、大変複雑な人間関係を生きていたのです。

自然や動物との交流

B子ちゃんはやがて、「自然」と話すことができるようになりました。「風は気持ちをわかってくれる。お母さんは私のことを何も知らない。辛いときは風に頼る。私はカラスや虫とも会話ができる。死のうかと思うけど、C一人を残して死ねない」と話しました。

現実世界のなかで、人間とかかわれなくなってしまったB子ちゃんは、空想に守られるだけでなく、自然や動物とこころを通わせ、交流することで何とかこころを保っていたのです。

セラピストの前に現れたミミオ

解離性同一性障害になると、人格がいくつにも分かれてしまいます。副人格はそのなかの中心になる人格の一人です。初回面接から三年が過ぎた頃、B子ちゃんは自分のなかの別人格について、次のように話しました。

「はじめは一〇人だったけど、今は三〇〇人の人たちがやってくる。（そのなかの）ミミオは、もともと人形のなかにいたの。私がこの（現実）世界にいたくないとき、ミミオが出てきたんだよね。人格が増えてきて、自由に（私のなかに）出入りしていて、三〇〇人が互いに知っていて、話し合ったりするの。以前は、ただ遊んでいただけだったけど、ミミオが出てからは、それぞれの人格が自由な感情をもって動くようになった。私も含めて、今はお互いにつきあっているの」

B子ちゃんのなかの三〇〇人の別人格がそれぞれの感情をもち、B子ちゃんとかかわっているのです。

「お母さんがいるときでも、ミミオは出てくる。私は、この現実の世界にいたくない。

（弟の）Cが空想のように話している人たちは、すべて本当にいるの。私のなかに助けてくれる人がいるから、一人で寂しくても生きられたんだよね。そのことはCがいちばん知っている」

B子ちゃんは、ミミオに支えられながら生きていたことがわかります。このことをわかってくれるのは、C君だけでした。お母さんは何も知りませんでした。

この後、セラピストの予約用アドレスに、ミミオから次のようなメールが届きました。

「B子はもう限界だ。B子の人生上の決断を俺《おれ》は変えられない。だが決断が『死』というときは何とかする」

このメールは、B子ちゃんに危険が迫っており、B子ちゃんを助けるためにミミオはセラピストに協力をする、という宣言です。

そのメールの三日後、面接に現れたB子ちゃんは、姿はB子ちゃんでしたが、その様子や口調はいつものB子ちゃんとはまったく違っていました。スリッパを荒々しく履いて、怒っているように見えます。おまけにガムをクチャクチャ嚙《か》みながら、挑戦的な態度です。席に着くなり、私（セラピスト）を睨《にら》みつけました。私が「ミミオなの？」と聞くと、ミミオは当たり前だといわんばかりの表情を浮かべながら、「そうだよ」と答えました。声も男の声でした。そして、切迫した口調で話し始めました。

「B子には自殺の可能性がある。俺は生きていてほしい。B子はずっと人の犠牲になって生きてきた。でも、死なずに俺と一緒に生きよう、という合意ができたんだよ。でも、俺の守りにも限界がある。カウンセリングで治ってほしい」

これに対して私はこう答えました。「ミミオや私がB子ちゃんにどうなってほしいかではなく、B子ちゃんがどうしたいかなんだと思う。この（現実）世界で生きていきたいのか、どうなのか」。すると、ミミオはすごみのある目で睨みながら、「B子は、空想世界がなくなったら生きられるかどうかわからない。三〇〇人はB子から生まれた。B子が治ると三〇〇人はどうなるんだ。死んでいくのか」と叫ぶように言いました。

B子ちゃんに感情が蘇る

私は全身がバラバラになりそうになり、激しい苦痛と疲労を覚えました。ミミオはB子ちゃんに治ってほしい、と言いながら、三〇〇人の人格が死ぬのか、ということを訴えてきました。ミミオが現れた日、C君は始めて面接を休み、そのあと再び現れることがなかったので、それ以降、B子ちゃんの単独面接となりました。

B子ちゃんは、「今、現実に向き合おうとすると死にたくなる。私が死のうとするとき、ミミオが出る。親に巻き込まれないで生きるためには空想世界が必要だった」「ミミオは日常のなかでも生きている。私がうつになると話しかけてくるの。確かにミミオは私のそばにいる」と話します。人は重いうつ状態になると、死にたくなることがありますが、ミミオはB子ちゃんがうつのときに死なないように守っているのです。

初回面接から三年七カ月が過ぎた頃、お母さんがB子ちゃんの面接予約日を自分の都合で変更しました。B子ちゃんは、このことについて「面接の日を決めるのは誰なの?」と私に聞きました。面接日を勝手に変えたお母さんへの怒りが出てきたのです。B子ちゃんは家族と話さなくなりました。そして、次のように語りました。

「私は、大人への怒りを切り捨ててきた。大人に傷つけられたこころの傷を、私の意識はどうして認めなかったんだろう」と。そして、しばらく泣き続けました。大人への怒りが意識に上り、感情が蘇《よみがえ》ってきたのです。

これまで、B子ちゃんが感情や記憶を切り捨てて生きてきたことを話してきましたが、そのB子ちゃんに、変化が起き始めたのです。B子ちゃんは、お母さんに変更された面接予定日を自分から電話してキャンセルしました。面接は再度変更され、以前の予約日に戻りました。面接の主導権はお母さんにではなく、B子ちゃんにあることを自分で示し、それをお母さんに認めさせ、実行したのです。その後、B子ちゃんはお母さんの車での送迎を断り、自分で電車を乗り継いでやって来るようになりました。

空想と現実の世界を繋ぐ夢

B子ちゃんはこの頃から、描画をしなくなると同時に、夢を多く見るようになりました。

〈夢1〉「『死にたいけど、Cが心配』とミミオに言うと、『Cは、B子が思っているほど弱くない。自分で歩き出すときがくる』と言われた」――この夢の報告の直後に、C君は働きたいと言い出し、就職のための面接に行き始めました。

それからの夢は、二つの異なる世界を繋《つな》ぐような内容のものが増えていきます。

〈夢2〉「校舎と校舎を結んでいる道に行こうとしたが、塞《ふさ》がってて通れない」

〈夢3〉「暗い世界と明るい世界を行き来する」

〈夢4〉「本にふたつの話が載っている。主人公の二人は、それぞれ出会わないが一人にまとまる」
〈夢5〉「魔女に透明にされるが、猫に仲介してもらって元に戻ることができた」
〈夢6〉「いなくなった女の人を探す。妖怪が攻撃してきて結界が破れ、普段は入れない神様を祭ってある場所に入ったら違う空間に入ってしまった。変な声がして、もう一人の自分に会った」――ふたつの世界は、B子ちゃんの空想と現実に分かれてしまった解離の状態を示していると思われます。

6番目の夢では、いなくなった女の人を探していますが、女の人はB子ちゃん自身でしょう。「結界」とは、人が入れない聖なる守りが張り巡らされている場ですが、妖怪が結界を破ったので、通れるようになり、そこを通って異空間に入り、もう一人の私と出会えたのです。

この夢は、B子ちゃんの空想世界が、結界によって守られた世界であったことも示していると思われます。解離症状として現れたミミオは、B子ちゃんとC君のこころを守る働きをもっていました。もしも、ミミオの守りと支えがなければ、B子ちゃんは生きていけなかったかもしれません。ミミオの守りが必要ないくらい、こころのなかに新しい守りや支えが生まれれば、ミミオはゆっくりと消えて（こころの中に収まって）いくでしょう。

超人的な女の子が現れる

では、どのようにこころの守りや支えは生まれるのでしょうか。やがてB子ちゃんの夢に、超人的な女の子が現れるようになります。

〈夢7〉「交差点で女の子に出会った。信じられないくらい可愛くて元気な女の子。この子にずっと会いたかった」

〈夢8〉「土のなかに恐ろしい雰囲気の女の子の人形が埋まっていた。掘り出すと、可愛い女の子の人形になった」

〈夢9〉「ドアを開くと土に埋まっていた人形が、フランス人形みたいに可愛い女の子になって立っていた」

〈夢10〉「うしろから声をかけられ、振り返ると、あの女の子がいた。この子は孤児だった。私はこの子と手を繋ぎ一緒に歩いている」

Ｂ子ちゃんの夢に現れた超人的な子どもは、Ｂ子ちゃんのこころを支える「力」をもっています。このように強いイメージをもったこころの深層の像を、ユング心理学では、「元型《げんけい》」と呼びます。元型はこころの奥底に存在しているため、通常の夢には現れませんが、セラピーによる守りと刺激を受けたときには、夢のなかに姿を見せることがあります。

元型的な像が夢に現れたときは、生涯忘れられない程の強烈な印象を与えます。元型の数はたくさんあるといわれていますが、こころの回復力（治癒《ちゆ》力）を表す元型もあります。Ｂ子ちゃんの夢のなかの女の子は、そのような元型なのでしょう。Ｂ子ちゃんが人形を地下から掘り出し、やがて人形に命が通い、可愛い女の子になり、二人は次第にかかわりを深めながら、同伴者になっていく様子がわかります。

ミミオがＢ子ちゃんのなかから出てくることは次第に少なくなり、やがてゆっくりと消えていきました。そして、Ｂ子ちゃんの解離症状はすっかりなくなり、お洒落《しゃれ》な洋服をまとった、美しくて感情豊かな女の子になりました。初回面接のときの黒ずくめのカラスのような印象はまったくありません。

初回面接から六年が経った頃、Ｂ子ちゃんは目を輝かせ、「大学に行きたい」と言いだしました。長い間、解離症状が続き、ひきこもりの生活をしていたB子ちゃんですが、高い能力をもっている女の子です。

現在は日常的に人とかかわりをもつようになり、社会に出る準備を始めています。

■解離のこころの能力

B子ちゃんの事例を読まれた方は、おそらく解離の現象に驚かれたのではないでしょうか。本当にこんなことが現実にあるの？　と思われたかもしれません。けれども、事例は現実に起きたことです。多重人格といえば、古くは一八八六年のスティーブンソンの小説『ジキル博士とハイド氏』が二重人格の代名詞のように呼ばれていました。善のジキルが薬を飲むことで、正反対の人格の悪のハイドになる、というわかりやすいものでした。のちに映画化がされて、たとえ、フィクションだとわかっていても、多くの人が衝撃を受けました。

現在は、多重人格から、解離性同一性障害《かいりせいどういつせい》という名称に変わりましたが、かつての日本には、ほとんど報告がなかった解離性同一性障害が、近年は大変多くなっています。それは、なぜでしょうか。解離の場合、虐待を受けた児童などに多く見られるといわれています。現代は平和で豊かになったにもかかわらず、こころに深い傷を負った子どもたちが増えてきている、ということの表れともいえるでしょう。

唐突に感じるかもしれませんが、私は解離性障害が好きです。誤解を招かないように説明すると、決して病気が好きなのではありません。苦しんでいる方々にとって、病気は憎むべきものでしょう。もちろん、私も病気の状態は嫌いです。ですから、病気が治って、全体の能力が上がるように、ある種、命がけでセラピーを行っています。では、なぜ解離が好きなのか。それは、臨床経験を通して、解離の人々はこころの能力が高いと感じているからです。この事例を読まれた方も、B子ちゃんの能力の高さに驚かれたのではないでしょうか。解離の機制は、精神の破綻《はたん》を防ぐ防衛という考え方もあります。そのように見ると、精神の破綻を防ぐほどの高い能力があるのだといえるでしょう。

解離性障害といっても、病体の重さはさまざまです。タイトルにあるように、B子ちゃんとC君は、姉弟で解離世界を共有していましたから、大変複雑でした。当初、私は、二人が解離であることには気づかず、姉弟両方とかかわってしまい、解離と判明した時点で、弟のC君の面接をやめなければならなかったのですが、不思議なことに、面接をやめることを告げる予定の日に、C君は現れませんでした。副人格のミミオが面接室に現れた日です。事例のなかでは語っていませんが、ミミオから「B子が治ると三〇〇人（別人格）はどうなるんだ」と詰め寄られたとき、私のこころのなかのガラスイメージが砕け散ったのです。実は、B子ちゃんとの面接の初期段階から、ずっとガラスイメージによって、隔《へだ》たりを感じ、同じ世界に存在できませんでした。ガラスイメージが砕け散った直後にC君が現れなかったということは、すでにこの現象は、C君に伝わっていたのだと考えられます。

知的には理解できないことかもしれませんが、無意識的な深い体験は、ときとして、このような現象が生まれます。そして、その後に、B子ちゃんは絵を描かなくなり、夢報告が多くなってきました。夢内容は、ガラス壁によって、通過することができなかったふたつの世界が往き来できるようになったことを表していました。B子ちゃんとかかわるためには、セラピストがガラスイメージを破る体験が必要でした。これは意識的に行ったのではなく、自然発生的に行った作業です。それには、ミミオが登場し、追い詰められなければ、成功させることはできなかったでしょう。

セラピストの無意識的な深い体験と、クライエントの無意識的な深い体験はコミット（関連）しているといえます。B子ちゃんは、夢を通して元型的子どもイメージと出会いました。B子ちゃんは、「この子は孤児」と言いましたが、ユングは、分析心理学の錬金術研究のなかで、元型的な子どもの存在を「その唯一性ゆえに孤児と呼ばれた」と述べています。B子ちゃんが回復していくためには、超越的な女の子という、元型的な存在の力がなければ不可能だったでしょう。B子ちゃんの重い解離性障害は完治しました。死と生の背中合わせのような難しいセラピーのプロセスを歩いたB子ちゃんの精神力と能力に敬意を覚えます。

ケース3 太陽のように明るく人なつっこい女の子と、闇のなかの孤独な女の子

さっぱりとした明るいお母さん

D子さんは、友達も多く、愛らしく人なつっこい元気な女の子です。いつも明るい笑顔で話をするのが印象的です。

ところが、高校二年の秋に、突然元気がなくなり、数日後には言葉も話せなくなった上に、行動もおかしくなってしまいました。医療機関（精神科）で受診した結果、「心因反応」と言われました（診断名ではありません）。向精神薬と睡眠薬を処方され、その後、症状は治まってきましたが、被害妄想が強く出てしまい、家族はどう対応してよいか悩んでいました。

D子さんの家族は、四十歳代の両親と二歳年上の姉の四人家族です。

インテーク面接（一回目の面接。ここで、セラピーの進め方などを話し合い、合意・契約します）に一人で訪れた初対面のお母さんは、さっぱりとした印象の明るく美しい方でした。

「D子は生まれたときから、いつも元気で活発な子でした。小さいときから、人と会うのが好きで、明るくて人なつっこい子でしたから、文化祭のときから急に元気がなくなって、言葉も出なくなったので、本当にびっくりしました。家族も親族も精神科に行っている人がいないので、原因は何だったのでしょう。最初の症状が出た頃は、『ごめんなさい。ごめんなさい』と謝ることが多くて、『何?』と聞くと、『なんでもない。ごめんなさい』と言うので変だなと思っていたんですけど。目がうつろで、表情がなくなりました。おびえるような表情になって、テレビが見られなくなったり、赤い血を怖がるようになり、赤いものに異常に反応していました。よく家で身体《からだ》を硬くして、毛布にくるまったりしていました」

「最初の症状を見る限り、私もいろんな本を読んで調べて、統合失調症かなと思ったんですけど。最近は、『誰かに監視されている』と言って、何も言われてもいないのに、『みんな私のことをウザイと言っている』とか、『目つきが変だと言っている』と言い、いつでも自分の悪口を言われていると訴えて、被害妄想が強くなりました。何かを考えたりすると動悸《どうき》がすると言います。症状が出る一カ月くらい前頃から具合が悪くなって、食べてはいたけど、三、四キロくらい痩《や》せたみたいです。ずっと眠れなかったようで、『眠れなかったから、何も感じなかった。ここ(こころ)が空っぽで、スースーする』と言っています。でも今は逆に寝てばかりいます」

このように、お母さんはD子さんの症状や状態について語りました。これほどまでにD子さんが重い状態であるにもかかわらず、お母さんの明るさは消えず、困っていることは伝わってくるのですが、切実な深刻さが感じられません。

「病院で心理検査を受けたのですが、空想に逃げていく性格だと言われました。薬を服用してから、言葉が話せるようになった半面、変な妄想を言い始めたのは薬の副作用なのでしょうか。今になっていろいろと考えると病院に行ったのがよくなかったのかな？と思ったりしています。睡眠薬を飲むと朝は起きられないので、飲みたくないと言ってやめています。病院も精神科なので、通院するのを嫌がっています」と語り、お母さんはD子さんの面接を希望しました。

アイドルタレントのように笑顔が愛くるしいD子さん

お母さんのお話から、不眠が引き金であるということは感じましたが、ただそれだけではないと思えたこともあり、お母さんを窓口とした面接ではなく、D子さん本人と面接することにしました。

初対面のD子さんは、明るくさわやかな印象で、笑顔が愛くるしいアイドルタレントのような生き生きとした表情をしていました。ニットの帽子をかぶり、明るい色の洋服を着た、お洒落《しゃれ》な女の子です。

D子さんのこころの世界がどういう状態か理解するためにも、「風景構成法」という心理検査を用いて、風景を描《か》いてもらうことにしました。「絵を描くのは好きです」と、手慣れた描き方で抵抗もなく、用紙いっぱいに描き始めましたが、川を隔てて、右の世界と左の世界がまったく別のものを描きました。D子さんのこころを表現するような特徴的な絵です。

右側の世界は、メルヘンの世界です。アニメのタッチで描かれた可愛《かわい》らしい動物たちがいます。元気そうなリスや小鳥、鹿や狸です。鹿は親子のようです。子どもの牡鹿《おじか》が親の牡鹿を見上げている姿が印象的です。お花もたくさん咲いています。けれども、なぜか右端に描かれた大きな木には、リスよりも大きな黒い穴が開いています。

一方、左の世界は、大きな山々に、頂点が尖《とが》った小さな木々がたくさん描かれています。その下には、ステッキ状の黒い人間が道や田んぼにいます。右の世界とは対照的に、寒々しい世界です。右の世界のようなメルヘンのイメージはまったくなく、リアリティーがあります。中央斜めに流れる川の中には、三人の人間が笑顔で楽しそうに遊んでいます。太い川に橋はありませんが、川は浅く、向かい側の岸に渡っていくことができそうです。

まるで、日常世界とこころの世界を二分したように、D子さんは、ふたつの世界を描きました。

明るく元気な状態とは逆の側面を語る

二回目の面接から、D子さんは、友達のことなどを元気に話し始めましたが、明るさとは逆の側面を感じさせる状態も語りました。

「小さい頃の記憶って、あんまりなくて……。私は幼稚園のときのことも全然覚えていない。あと、いちばんおかしくなったときの気持ちを思い出すことがある。それは、鏡を見ているときとか、髪の毛を結《ゆ》っているときとかに、このへん（首のあたり）から黒いものが出てくる感じがする。自分のこころの卑しい部分が出ているような気がする。かぜで熱を出して寝込んだときとか、何かが近づいてくる夢を必ず見る。小さい頃は、タイヤみたいなのが遠くから降ってきた。最近は、何かが近づいてくる夢。小さいものが（だんだん）大きくなってくるような感じ……」

お母さんは、D子さんが急に変になったように語っていましたが、D子さんのこころの世界は、幼い頃から明るく元気な状態だけではなかったのかもしれません。

「お父さんが単身赴任でうちにいなかった小学校の頃、お母さんが不安定になりました。何かあると私は正座させられました。一時間とか普通でしたね。私がいい子になるために、という理由で正座させられていたのですが、それは意味がないと思っていました。でも、お母さんには言わなかった。ずっと（がまんを）ためていましたね」

大人は、「しつけ」と称して、子どもを押さえ付けることが珍しくありません。もしかすると、D子さんの言うように、大人自身の不安や焦燥感から、子どもに強《し》いる「罰」を、「子どものため」という正当化に置き換えることが起きることもあるでしょう。「私がイライラしているからこうするのよ」と、認めることのできる大人はめったにいません。

怖い夢に現れる意識化できないこころの世界

一見、明るく元気に見えるD子さんですが、面接を重ねるうちに、怖い夢を報告するようになりました。

「怖い夢を見ました。お家でパーティーをしていて、仲間は知らない人で、白人の外国人だった。私だけそこから帰ってきたときに、部屋の中は薄暗くて、殺人事件が起きて、ふっと見たら、私のベッドの上に手首だけあった。それから、夜に散歩していて、底なしのドブに落ちていく夢。そういえば、小さい頃も、泥沼に落ちる怖い夢を見ていました」

こうした夢を見るのは、日常とはまったく違う、意識化できないこころの世界があることの表れといえるでしょう。

「病院の先生に『日記を書け』と言われて、書いたけど、結局書けなくて……。私は人の話を聞いていない。よく、マイナス思考って言われます。ネガティブって言われます。どうしても、マイナスに考えちゃう。お医者さんに「よくない」って言われました。『マイナス思考を直して、プラスに考えなさい』って……」と語ったD子さんは、明るくさわやかなイメージとは正反対の表情になりました。

「『プラス思考に変えなさい』って言われても、私はたまに自分の世界に入っちゃうこともあるし。妄想が激しいのかな。自分のなかの怒りとか嫉妬《しっと》とかも自分で消そうとしてきたし、嫌なこともはっきり嫌と言えないできました。自分のなかから出てくる怒りは、鎮《しず》めるというか、笑って忘れたり、友達とどうでもいいことで笑ったりするのは大好きだから」と、話し終わるときには、笑顔になっていました。

D子さんの症状や状態は、外見の印象とは正反対であり、こころの世界による影響だと思われました。

「自分のことがわからない」

高校二年のD子さんは初回面接から二カ月後には、病院（精神科）で処方された向精神薬と睡眠薬の服用をやめました。

「病院の性格検査で『空想家』と言われた。現実ばかり考えていると辛《つら》くなってきちゃうからだと思う。よくお姉ちゃんのものを勝手に借りて、そのままにしてて怒られることが多いけど、借りっ放しで（何を借りたかは）覚えていない。『自分の特徴を挙げなさい』とか、『短所と長所を挙げなさい』というのが苦手です。自分のことがよくわからないから。『ソフィーの世界』という本に、『あなたは誰ですか』ってある。自分ってよくわからない。小さい頃の思い出が本当にないんですけど、とにかく動くのが好きだったことは覚えている。わたしはとにかく外に出て雪遊びとかして、友達のなかではいちばん日に焼けて黒かったですね。『明るくて元気ね』といつも言われていた」

さらにD子さんは、ある小説の内容を語りました。

「その小説に出てくる主人公は、感情がない人間で、何度刃物で刺されても痛くない。その人は脳みそしかなくて、感情がないから。人間としての存在がないらしいんですよ。その子は、生まれたときから痛みがなくて、人を殺して、言葉を話すようになったときから、夢を見るようになった。言葉もしゃべれるようになって、勉強して、日常の生活ができる人間になってから、漠然《ばくぜん》と怖くなったりして、カウンセリングを受けるんだけど、その人に、『なんで僕が夢を見るようになったってわかったんですか』と聞いたりして。人を殺していないと、自分が昔に戻るんじゃないかって思って、人を殺し続けるんですよ」と一気に話しました。

D子さんがこうした内容の話に引きつけられるのは、「自分のことがわからない」という、無意識的に何か共通するものを感じていたからではないでしょうか。

毎回、泣くD子さん

その後、D子さんは無事に高校を卒業し、将来の夢に向かって専門学校に入学しました。その頃に話してくれた夢の内容です。

「おばあさんが、マージャンをしている人に、ご飯とか飲み物を運んで、出ていくときに変な笑いをしていて、その笑いの意味は何かたくらんでいるようで……。私は夢のなかに登場しなくて、まったく関係のない第三者みたいに自分の夢を見ていた」

D子さんは、この夢について連想しました。「騙《だま》して、お金を取ろうとか、最後に食べちゃうのかな？ って思う。そういう物語の絵本を見たことある。『服を脱いでください』『手を洗ってください』『日に当たってください』『大きな猫がいて、それに食べられるように』って言われるんだけど、主人公が逃げて出ていくと、実は何もなかった、というか空想だった、という物語。この夢は、その絵本を思い出す。おばあさんは人間じゃないんじゃないかな。夢を見てて怖くて、悲鳴をあげて目が覚めた。それから、(精神科の)薬を飲んでいたときのことを思い出した。すごく嫌だった。お母さんにご飯に薬を混ぜたのを食べさせられるのがすごく怖かった。私は何の薬かわからなかった」

そして、D子さんは静かに語りました。「わたしのこころって、どういう世界なんだろう?　私は何者なんだろう?　明るい自分がいつもの自分だったから、違う自分を一生懸命に見ないふりをして生きていたのかもしれない。泣き虫なのが嫌だった。何に対しても絶対泣かない女の子はカッコいいなって思っちゃう。すぐ涙が出るのが嫌なの。日常じゃ泣かないけど、ここに来ると泣いてしまう」と目に涙をいっぱいためて帰りました。あれほど明るかったD子さんが、この時期から毎回のように泣くようになりました。

初会面接から二年半が経《た》った頃には、D子さんは夢を見なくなっていました。「最近、夢が怖くて泣いたとか、血だらけとか、誰かに追いかけられている夢とか、全然見なくなりました」

ところが、夢を見なくなったと語った日から二カ月経った時期に、D子さんは印象的な夢を見たことを報告してくれました。

「久しぶりに夢を見ました。自分が監禁されている夢でした。田舎《いなか》の家みたいな、結構大きな一軒家だった。女の人に監禁されているんだけど、その人はきれいな女優さんだった。監禁されているのは私だけじゃなかったけど、犯人は一人だった。逃げようとしても、見つかったときの体罰が怖かった。殺されちゃうって思ってそこから必死に脱出して、バイクに乗ってどこかにたどり着いたとき、そこが学校の文化祭みたいになっていて、クラスのみんながグラウンドにラインを引いている作業をしていて、教室に戻ると『どこに行っていたんだよ』と、クラスメートから言われた。みんな若いままの顔で、すごく不思議な夢だった。なんか懐かしいなって思った」

その夢について、D子さんは次のような連想をしました。「なんで、そんな監禁されている夢を見たのかな？　その犯人は優しかったり、すごく怖かったりした。何か気にくわないことがあると当たってくる感じ。裸足《はだし》でも、そこから逃げなければならないと思った。テレビで見る監禁された女の子の気持ちがわかる。普通犯人は男の人だと思うけど、なぜ女の人だったのかな？　監禁していた優しくて怖い女優さんって、なんかお母さんのような気がする」

D子さんに異変が起きたのは、高校二年生の文化祭の日からでした。その文化祭が夢に現れたのです。入り口と出口が繋《つな》がったのでしょう。現実の文化祭の時期に幻聴が聞こえ始めたわけですが、夢のなかで文化祭に戻ったわけです。そして、「どこに行っていたんだよ」とクラスメートに言われました。

押し付けられたイメージ

D子さんのお母さんは意識しないまま、D子さんに〝明るくて元気な子〟という自分のイメージを押し付けていたのかもしれません。D子さんが明るくなければ、お母さん自身が不安になったのではないでしょうか。

お母さんがこころの深い部分で抱えている不安を、D子さんが引き受けていたと思われます。表面の意識の世界では、あまりにも明るく元気な自分を生きている分、もう一方の内的世界（内界ともいう。無意識の世界のこと）の不安に耐えられなくなって不自然な状態に陥り、限界に達していたのだと思われます。今まで見えてこなかったもうひとつの世界を、集中的に生きたともいえます。それがちょうど文化祭の時期と重なっていたのです。

現実の意識から解離して内界に入り、不安と闇《やみ》に包まれた〝地獄めぐり〟を経験していたD子さんは、セラピストの援助を受けることになりました。そして、内界における妄想、もしくはある種の夢の世界を超えて、現実の世界に帰ってきました。

解離した世界に行ってしまい、いなくなったD子さんが、再び現実の世界に戻ってきたことを、「どこに行っていたんだよ」という言葉から理解することができます。文化祭でラインを引いていたというのも印象的です。ラインを引くことにより、日常と非日常を分け、幻聴や恐ろしい夢に脅かされることなく、日常世界を生きることが可能になったのでしょう。終わりを教えてくれる夢だと思われました。

セラピーの終結

D子さんは定期予約をしており、すでに一カ月先までの予約が入っていましたが、夢の報告と連想を聞いて、その日をセラピーの終結にしました。私（セラピスト）から終結の話をすると、D子さんはびっくりしたような表情になり、涙を浮かべて次のように言いました。

「夢でいろいろ教えてもらったなと思う」。そして、ボロボロと涙をこぼし、泣き続けました。「あれほど怖い夢を見続けていたのに、本当に最近は不思議なくらい全然見なくなった。一時期はここに来るのが唯一の救いみたいになっていた気がする」

泣きながら話すD子さんは、しばらく沈黙したあと、さらに話し続けました。

「今でも思い出すのは、文化祭のとき、みんなが言っていた私の悪口のこと。あれは自分の幻聴だったんだ、って思う。でも、本当に聞こえていたからすごいなって思う。本当に被害妄想だったんだな、って。あの頃は現実だと思っていた。自分の顔も、すごくかわいそうに鏡に映っていたから。自分だけすごくかわいそうに思っていた。いちばん辛かったのは、そういう自分がいるって認められるようになったこと。自分ではわからなかったからショックだった。でも今は納得できている。今度、もしもまたここに来るときは、たぶん一人で来ると思う。免許取って仕事した収入で自立して……。今まで ありがとうございました。本当にありがとうございました」

D子さんはハンカチで涙を拭《ぬぐ》いながら挨拶《あいさつ》をしました。目も鼻も真っ赤になったD子さんは、美しく魅力的な女の子です。セラピーでは、泣いているクライエントさんの表情が最も美しいと感じることがあります。

初回面接当時のような不自然な明るさや元気さではなく、自然な感覚をD子さんから感じました。不安と混乱に陥っていた内界が安定するようになり、分断されていた意識と無意識が繋がったのでしょう。もうひとつの課題（お母さんとの関係）は残したままですが、日常に支障が出ることはないと判断しました。今後D子さんは、能力を発揮して社会で活躍していくことでしょう。

D子さんが言うように、もしもまた面接を受けに来るときは、病気治療ではなく、残された課題の解決と、さらなる可能性の発揮のための面接になると思います。

いずれにしても、どのような重い状態になっても、よくなる可能性があるということを、D子さんから教えてもらいました。

■分断されたふたつの世界

人のこころは本当に不思議です。D子さんの事例を読まれた方も、とても不思議な気持ちになられたのではないでしょうか。D子さんの症状や体験は、人間にはこころの世界（無意識）が本当にあるのだな、と私たちに感じさせてくれます。日常を忙しく生活していると、人間はどうしても頭（意識）だけで生きていると思いがちになります。また、外側（表面）に表れた行動を、あたかもその子のすべてを表しているかのように思ってしまいます。

D子さんのお母さんは、明るい方でした。けれども、こころの奥には、夫に依存しなければならない不安が渦巻いていたのかもしれません。その目には見えない不安を、D子さんの内側に投影し、外側には明るく元気な女の子を押し付けていたのでしょう。その結果、D子さんの外側（意識）と、内側（無意識）が分断された状態になってしまったのです。D子さんが周囲の期待や固定観念を裏切らないで生きていくためには、皮肉にも自分自身の内側を裏切ることになったのではないでしょうか。

D子さんに現れていた幻聴や妄想は、精神病性障害といえるでしょうが、こうした症状は単に消せばいい、という単純なことではないことが、事例から学ぶことができます。ただ単に消してしまっては、内界が必死に訴えていることが無駄になってしまうからです。D子さんのこころは悲鳴をあげていました。無意識がそれをどうD子さんの意識に伝えたらよいのか、それは夢や症状でしか伝達することはできないのではないでしょうか。

D子さんのような状態の方を援助するためには、どうしたらよいでしょう。世間では、たとえば、

「何代か前の先祖の悪行の祟《たた》りだ」と言って、おはらいをするようなこともあるようですが、人はそのように断定的に言われると、ますます不安になり、依存することで何とか解決してもらおう、としてしまいます。心理療法では、見立てを立てて問題が解決されると、終結になり、いずれお別れをします。お互いが依存関係をもってしまっては、クライエントさんは能力を発揮して自立することができなくなります。そして、セラピストは神や仏ではなく人間ですから、無意識という広大な世界が語ることをすべて正確に知ることはできません。ですから、D子さんのこころの叫びを聞くためには、セラピスト自身が自分の内側の声を聞く作業が必要になるのです。

事例のなかでは語られていませんが、私はD子さんの援助者として、自分の無意識に繋がろうとしました。そうすると、D子さんの症状がこころの状態を伝えていることが感じられたのです。私のこころのなかの女の子が、必死に上（外側）へ、助けを求めている姿がイメージされていました。D子さんの周囲を困惑させ、D子さん本人をも苦しめた症状が実は敵ではなく、分断された世界を何とか繋げようとしている味方だと感じられたのです。そして、「あぁ、頑張って伝えているんだね」と、こころのなかの子どもにつぶやきました。すると、その後から、D子さんは切り捨てていた自分のこころの世界を自覚するようになり、症状は治まっていきました。

私はD子さんの最後の夢報告で、〝ふたつの世界が繋がった〟と感じたときに、「ありがとう」

と、こころのなかの女の子にお礼を述べました。D子さんの無意識は幼少の頃から夢を通して伝えていたのですが、夢だけでは内側と向き合うことができなかったのです。症状があがってきたからこそ、D子さんはセラピーを受けて、分断されていた問題を解決することができたのでしょう。

ケース 4 子どもの世界に適応できなくなった少年

困惑しているお母さん

E君は十七歳の男の子です。小学校を卒業するまでのE君は、クラスの人気者で、いつも友達に囲まれていました。ところが、中学校に入学してから、E君を取り巻く環境が変化しました。友達の多かったE君がクラスの中で孤立し、居場所を失い、学校を休みがちになりました。そんなE君を心配したお母さんは、E君にカウンセリングを受けさせたり、心療内科を受診させたりしました。けれども、E君は学校でますます孤立するようになり、とうとう不登校になりました。それでも頑張《がんば》って高校に進学しましたが、一年で留年し、別の高校に転校しました。けれども、その学校でもE君の孤立は続きました。

E君を何とか助けたいと思ったお母さんから、私（セラピスト）のもとに、母子並行面接の依頼がありました（なお、現在は同一セラピストが、母子並行面接をすることは行っておりません）。インテーク面接（最初の面接のことで、クライエントに関する情報を収集し、治療に関する情報提供が行われる）で初めて会ったお母さんは、E君の状態に困惑している様子でした。

「小さい頃から、Eには手がかからなかったんです。〝この子は大丈夫〟と思っていたのに、不登校になり、高校に入って留年してしまって、新しい学校もまた行けなくなってきたんです。私はEを責めていました」

お母さんは、落ち着きがなく早口で話し、「あれだけ小学校のときは楽しく過ごしていたのに」と言うと泣きだしてしまいました。

「Eに心因性湿疹《しっしん》が出たとき、本当に大変なんだな、と思って。どういうふうにこの子の気持ちに寄り添っていいのかわからないんです。夫の悪口を娘（Eの姉）に話していると、『僕の前でそんな話しないで』とEに言われました。私自身が、親から押し付けられた部分をEに押し付けているんですね。夫も厳格な父に育てられたんです。二人のそういう部分が全部Eに影響を与えたんですよね」

お母さんは、E君の不登校に対して、すでにある程度の理解をしてから、面接に臨んできたようです。「この三年間、どうしていいのか答えがわからないままでした。不登校に関する書物を読んだり、この子の答えを出してくれる人はどこにいるんだろうって、真剣に探してきました」。お母さんは、不登校に関する勉強をして、その上、地元のカウンセラーから面接も受けていたといいます。けれども、それは「頭」での理解であることがのちにわかってきました。

E君の自宅から面接室まではかなり遠く、夜行列車で片道七時間をかけて面接に通うことになりました。

「もうこれ以上、頑張れない」

初回、面接室に現れたE君は、さわやかな笑顔が印象的でした。返事もよく、言葉遣いも丁寧でした。真面目で礼儀正しく、こころも屈折していない、素直な少年というイメージです。身長が高く、スタイルもよく、容姿もきれいで、内面も外見も申し分がない男の子です。大人にとって、理想的な子どもだと言っても過言ではないでしょう。なぜ、このように理想的な少年が、学校生活のなかで孤立してしまったのでしょうか。

E君は、今の自分の状況を話し始めました。「学校を転校して、気持ちも新たに頑張ろうと思っていたんですけど、友達を作ろうと思っても、クラスのなかに入れなくて、独りぼっちで、不安で仕方がないんです。僕にとって、お弁当の時間と休み時間がいちばん辛《つら》い。まだ授業中のほうが安心です」。

Ｅ君の笑顔が消え、表情が強張《こわば》りだしました。そして、「僕は、親から『頑張る子だから』『優しい子だから』と言われてきました。周りの大人たちからも、『頑張れ』と言われて……。でも、もうこれ以上、どう頑張ったらいいのかわからない。苦しいです」と訴えました。

このような状況では、周囲がいくら「頑張れ」と声をかけても、何の解決にもなりません。集団のなかで、「独りぼっち」でいるというのは、自分の部屋に一人で閉じこもるよりも、はるかに孤独です。生き地獄にも等しい心理状態でしょう。私たち大人は、こうした想像力を働かせ、子どもの苦しみを理解しなければならないのではないでしょうか。

Ｅ君は面接の最後に、「親に何をアドバイスされても実行できないし、もう自分は駄目かな、と諦《あきら》めていたんです。ずっと、一人で悩んでいたので、今日は、（面接に）来てよかったです」と言いました。

Ｅ君の家族は自営業を営む五十歳代の両親と、二十歳《はたち》の姉との四人家族です。面接の初期段階の話では、お父さんへの不満が続きました。「両親が言い合いをして、お父さんが怒鳴《どな》ると、自分が怒られているような気持ちになって、すごく恐怖です。高校生になってから、お父さんを怒らせないようにするようになりました」

E君の夢報告

新学期が始まり、E君は登校していますが、痛々しさを感じるほど、無理をしていることが伝わってきました。頑張って学校に行かなければいけない、と思っているのでしょう。E君は夢を報告するようになりました。

「〈夢〉大きな建物から脱出しなければならない。早く出ないといけないのに、どこにも逃げ道がない。〈連想〉そこは危険な場所だから、外へ出なければ死ぬ。恐怖でした。（こころの）内にもっているものを出したいのに、出せないのかな、と思う」

「〈夢〉お母さんに似た幽霊がいて、その幽霊が僕を引っ張って、どこかに連れて行こうとする。近くに幽霊じゃない本当のお母さんがいたから、『助けて』と言ったのに、無視された。〈連想〉目が覚めても怖かった。夢でよかった。幽霊は得体《えたい》が知れないから、何をされるかわからない、嫌な怖い感じがありました」

「〈夢〉建物のなかにいて、周りにゾンビみたいなのがいっぱいいて、捕まらないように逃げていた。最後に集団の親玉のゾンビに捕まって、そこで目が覚めた。〈連想〉あまりにリアルだったから、起きたときは夢でよかったと思った。ゾンビは人の二倍くらいの大きさだった。すごく怖かった。夢を見て起きると、いつも身体《からだ》が重くて、だるいです」

E君は「夢でよかった」と語っていますが、夢は（非日常での）心的な体験です。つまり、こころの世界（無意識）で実際に起きている出来事なのです。寝ていたはずなのに、目が覚めてからも疲れを感じるのは、意識は寝ていても、無意識は活発に活動しており、エネルギーが使われている証拠でしょう。意識が無意識の体験を受け入れる準備がされていくのは、これからなのかもしれません。

大人に適応しすぎて

E君は心理療法を始めて一カ月が経《た》った頃から、次第に沈黙するようになってきました。「沈黙」を大まかに分類すると、ただ黙っている場合と、こころの動きや声をとらえている内省とがあります。E君の場合は、後者の内省に当たります。クライエントのなかには、この内省がなかなかできない方もいますが、E君の素直さが、早い段階で内省をする作業を可能にしているのかもしれません。こころの深い層から変容するためには、沈黙は重要な意味をもちます。

E君は重い口を開きました。「大人って、かなり偉《えら》そうに思える。『子どもは未熟だから大人の言うことを聞きなさい』と言う。大人からあれこれ言われて服従するのは、すごくストレスがたまってくる。本当は自分が小さいときから、結構、大人は身勝手なことをしている、という矛盾を感じながらも、大人に従っていました」

そして、過去の学校でのエピソードが語られました。「小学五年生のときに、クラスの女の子にからかわれて、ほうきで叩《たた》いたことがあったんです。先生は、なぜ僕が女の子を叩いたのか、理由も全然聞いてくれず、その女の子には注意もしないで、一方的に僕だけが叱《しか》られました」。

E君が、幼い頃から大人のしつけに矛盾を感じていたということは、完全に大人から支配されてはいなかったのかもしれません。ただ、正しいことばかり言われてしつけられたE君は、元来、素直な性質で、能力が高いがために、大人に適応しすぎていたともいえます。それゆえ、子どもの世界に適応できず、孤立するようになったのではないでしょうか。

E君は、非行やひきこもり、薬物依存などの問題行動や、あるいは心の病などの重い症状が出ていないため、一見すると軽いレベルの問題のように思われがちですが、実はそうではない場合があります。なぜなら、症状（病理）として外側に噴出せず、または問題行動としても出ることがないために、こころの世界に横たわる問題の大きさが見逃され、放置されがちだからです。

E君の夢報告からも、E君の抱える問題は決して軽いレベルの問題ではないことがわかります。こころの深い層から変わるためには、時間をかけるという要素も、根底から解決するには必要なのです。

自分の感情を抑えていたE君

E君は面接のなかで、「僕はちゃんと感情を出すことができない。どこかに閉じこもっているというか、不安に押しつぶされている感じです。嫌われるのが怖い。人に好かれたい。クラスのみんなが楽しそうにしているのを見るのがいちばん嫌です。誰かが笑いながら話していると、自分の悪口を言っているんじゃないかと恐ろしくなります。小学校の終わり頃から、両親に迷惑をかけないように、自分の感情を抑えていました。でも、すごくしんどかった」と、辛《つら》そうに話をしました。

一方、お母さんの面接内容は、E君の面接を中心にしていることもあり、コンサルテーションの色合いが濃く、セラピーを深めることはできませんでした。

「私は自分の思い通りにならなかったら、子どもたちを感情にまかせて叱ってました。Eは反抗をしなかったですね。以前は、環境を変えることばかり考えていました。Eが中学生で不登校になったときには、『頑張れ』と、根性論のような話をしていました。ここに来て本当によかったです」

このように一見、理解があるお母さんですが、まだ子どもの本当の痛みを感じていないことが伝わってきます。

初回面接から半年が経ちました。「友達が欲しいけど、拒絶されるのが怖い。人を馬鹿にしたように笑う人が嫌いです。普通に制服を着ている高校生に対して、嫌悪感があって、近寄りたくない。寝る前に電気を消すと、冷たくされたり、無視されたことを思い出す。身体が硬くなって凍るような感じです」。このように話しながら、E君は自分についての気づきがありました。「自分は偽善者ぶるというか、人を見下《みくだ》したりする。結局、人を馬鹿にする人と同じではないか、と思う。そういう自分がすごく嫌いで、ひたすらゲームをやっていたことがあった。お母さんから『休んでいるのに、ゲームばっかりしてどうするの？』って、ゲームを取り上げられました」

身体のけがや病気であれば、早くよくなるために安静にさせるのに、こころが傷ついたり、病んだりしたときには、安静にさせない場合があるのはなぜでしょう。E君の場合、ファンタジーの世界はゲームだったのでしょう。せっかく無意識が動かしている行為（E君の場合、ゲームで遊ぶことによってこころを癒《いや》す行為）を、お母さんはよかれと思ってゲームを取り上げたのですが、結果的に回復の邪魔をしていたのです。

「僕は自分の意見を言うこともできない。家族は僕に最近優しくなってきたけど、気を使っているだけなら、やめてほしい。本音で言ってほしい。でも、前は本音をドンドン言われて、傷ついていた。今は、逆に優しい態度に傷ついている。自分にとってどっちがいいのか、わからない」

子どもの苦しみや痛みを感じられないまま、大人が表面的に優しい態度を取っても、逆に子どもを傷つけてしまいます。E君の感覚は正常なものなのでしょう。

男性性と女性性の二つの性

初回面接から一年が過ぎた時期のE君の夢報告です。

「〈夢〉四人で一緒に走っていた。僕だけが、その三人に追いつけなかったけど、三人が待っていてくれた。〈連想〉僕を責めずに、フォローしてくれている感じでした」

「〈夢〉学校の先生にたてついて、言い争っている。〈連想〉現実にはあり得ない。ちゃんと意見が言えた。信じられなかった。初めての経験」

「〈夢〉仲の悪かった人と一緒に笑ったり、仲良くしていた。〈連想〉現実では、心底嫌いな人だったから、びっくりした。楽しかった。学校はそんなに嫌な世界じゃなくて、自分の接し方によっては上手《うま》くつきあえるんじゃないかって思う」

「〈夢〉周りにゾンビがいて、追いつめられていたけど、仲間と協力して何とか脱出した。〈連想〉以前のゾンビの夢では仲間はいなかったけど、今回は仲間ができた」

E君は、これらの夢報告から、友達とにぎやかに遊ぶ夢を立て続けに見るようになりました。

「僕は相手に常に合わせようとするから、疲れるんだと思うんです。そういえば、小さいときから、可愛いのが好きで、部屋にぬいぐるみがたくさんあるけど、変な目で見られるのが嫌だから、人には言えない。中学に入る前、『男なのにおかしい』と強い口調でお父さんに言われてショックでした」

人間は、男女の二つの性に分かれていますが、こころのなかには、男性性と女性性の、二つの性があります。E君は女性の能力が高いのかもしれません。それは、男の子にとっておかしなことではなく、（その女性の能力を抑える）ブロックをかけずにその能力が発揮されると、かえって生きやすくなります。

幼少期の傷つき体験

真面目《まじめ》一筋だったE君が、徐々に昼夜逆転になっていきました。

「夜眠れなくて、朝早く起きようと思っても夕方まで寝てしまうことがあります。夜のほうが落ち着きます」。「昼夜逆転」という言葉のイメージがよくないので、一般的には悪いことと思われているようですが、こころが回復するために、E君の無意識が、昼夜逆転をするように動かしているといえるでしょう。ただし、昼夜逆転さえすればよくなる、という単純なことではありません。周囲の大人が、「好きにさせていればいい」という、投げ出すような無理解な状態では、せっかくの昼夜逆転が〝こころの守り〟として働きにくくなります。

E君は、幼少期からの傷つき体験を次々と語るようになりました。

「保育園は不安と恐怖（の世界）だった。先生は怖くて、ちょっとふざけただけでも、すごく怒られた。小さいときから、人を物で叩いちゃいけない、ってお母さんに言われていたのに、お母さん自身が、幼稚園の頃の僕を鞄《かばん》で叩いたり、ハンガーで叩いたりした。僕は自分が悪いから叩かれたんだ、って思っていた。

小学校のとき、僕が雛《ひな》から育てた小鳥が、お母さんが窓を開けたために逃げてしまった。きっとどこかで生きていると言うだけで、お母さんは謝ってもくれなかった。お姉ちゃんと僕で必死に探したけど、見つからなくて、お母さんは探してもくれなかった。

小学校のときたくさん習い事をさせられて、お母さんに『やめたい』と言ってもやめさせてくれなかった。お母さんが突然僕の部屋に入ってきて、『散らかっている』と、すごい剣幕で怒りだして、僕の物を放り投げたことがあった。ストレスをぶつけていたんだと思う。

学校に行きたくないとお母さんに言ったとき、『お父さんに言うよ』と脅され、お父さんに暴力を振るわれた。お母さんはただ見ているだけで、助けてくれなかった」

E君は、保育園のことと、小鳥が逃げてしまった出来事については、何度も繰り返し話しました。よほど深いこころの外傷体験なのでしょう。

子どものこころを生き直す

E君からお母さんとの傷つき体験が語られるようになったこともあり、面接を始めて一年半が経《た》った時期に、母親面接は別のセラピストが担当することになりました。まもなくE君に変化が現れてきました。

「人が怖いと感じなくなってきて、人ごみのなかでも、緊張しなくなりました。怖い夢も全然見ない。友達に表情が柔らかくなったと言われました。以前の僕は、同世代の人を敵意で見ていたかもしれない。それが伝わっていたと思う」

E君は、これまで〝大人の視点の正しさ〟という面だけで生きてきたのでしょう。しかし今は、そのために〝生きられなかった〟もう一方の、子どもの自由なこころの〝生き直し〟ができるようになってきているようです。

E君は高校を卒業し、当初の問題は解決されたあとも、能力を発揮していくために面接は続けられました。

面接を始めて四年が経ちました。E君の夢内容が変化しました。

「〈夢〉幽霊に狙われている。男の子が助けてくれて、一緒に幽霊を倒した。〈連想〉以前だったら、幽霊から助けてくれる人はいなかったのに、男の子と一緒に幽霊を倒すことができた」

「〈夢〉お母さんにすごい剣幕で文句を言って物を投げつけた。〈連想〉僕のことで理解してくれないお母さんへの怒り。罪悪感はなかった」

「〈夢〉鳥の身体と首が切断されている。叫ぶような痛みがあった。〈連想〉何かが自分の中を切断した」

鳥の身体と首の切断というのは、E君を支配していた〝大人の頭〟を壊すという〝切断〟の作業かもしれません。

「〈夢〉毒蛇に咬《か》まれた子どものトラを、僕が一生懸命に治療をした。子どものトラは元気になった。〈連想〉自分のなかのトラの子どもと上手《うま》く連携が取れるようになってきていると思う」。E君が自分の〝こころのなかの子ども〟の傷を認め、治療をしたということなのでしょう。

「今は、いろいろやってみたいことがどんどん出てきた。高校生になった頃は、高い所から飛び降りたりすると学校に行かなくてもいいんじゃないか、多重人格者になれば楽になるんじゃないか、親がいなくなれば学校に行きなさい、と言われなくなるんじゃないか、と思っていた。本当に自分は追いつめられていたと思う」

もちろん、E君が実際に飛び降りたり、多重人格者になることはありませんでした。セラピーを通して行う〝こころの作業〟は、アクティングアウト（行動化）を予防することにも繋がるのです。

現在、E君は大学受験の準備を始めています。将来は社会に出て、十分に能力を発揮していくことができるでしょう。

■外側（日常）を見る目と内側（こころ）を見る目

E君の事例をお読みになって、どんなイメージをもたれたでしょうか。大人にとって、理想的な子どもが、学校に適応することができずに苦しんでいる姿に、かつての自分自身を重ねられた方もいるのではないでしょうか。もしかすると、うちの子どもに似ている、うちの孫によく似ている、とお思いになった方もいるかもしれません。E君のお母さんに限らず、〝よい子にするために〟と、世間の常識や正しいことを教えようと一生懸命にしつけをしている方がたくさんいるのが現状かもしれません。

けれども、私が臨床現場で多くの子どもたちとかかわってきて感じていることは、子どもには教えることがないほど、本質的に正しいことを知っている、ということです。人はすでに生まれたときから、こころのメカニズムには、善悪の判断が組み込まれているのでは、とさえ感じます。細胞のレベルで知っていることを、理屈で無理に押し付けてしまうと、その枠のなかから身動きがとれなくなってしまいます。そうすると、常に大人たちに叱られないように、と顔色をうかがうようになってしまうでしょう。

本来、子どもは自由であり、〝いけない〟と知っているからこそ、仲間と一緒にちょっとした悪戯《いたずら》や、冒険をして遊ぶことが楽しくて仕方がないのです。そうした、大人にとっては都合が悪く、一見無駄なことが、子どもにとっては、大切で意味のある体験であり、このような体験を通して、子どもの世界に適応していく能力を身につけていくことができるのだといえるでしょう。E君自身が述べているように、〝子どもは未熟だから、大人の言うことを聞きなさい〟というのは、子どもの能力を否定していることが前提になっていることがわかります。

E君は、小さい頃から、大人の身勝手さに矛盾を感じていたと言います。E君に限らず、多くの子どもたちは矛盾を感じる能力を備えているのです。子どもは権力もなく、経済力もないため、外側（日常）の世界では、無力です。私たち大人は、矛盾を感じながらも、服従しなければならない子どもの苦悩を感じることが必要ではないでしょうか。

子どもは何も知らない、何もわからない、というのは、子どもの能力への恐れからきている、大人の防衛なのかもしれません。大人は完璧《かんぺき》であるという、ある種の幻想が、大人の未熟さを表しているともいえるのでしょう。これらのことを認めるのは、私たち大人にとって非常に勇気がいることです。

けれども、勇気をもつことができる人間になるということが、子どもたちから真に信頼される大人になることの第一歩になるのかもしれません。高みから見下ろすように子どもを見ていては、子どものこころと深くコミットすることはできないでしょう。それでは、子どもの気持ちを感じることはできません。大人は、外側（現実）を見る目を持っていますが、子どもは、内側（こころ）を見る目をもっています。日常生活をこなすためには、たしかに外側の目も必要かもしれませんが、現代は、内側の視力が求められている時代だということを、一人でも多くの方々に知ってもらいたいと思います。

ケース 5 大人の争いのなかに巻き込まれた女の子

学校と対決するお母さん

Ｆちゃんは小学六年生の十一歳の女の子です。四十歳代の両親と三歳年上のお姉さんとの四人家族です。Ｆちゃんは男女を問わず友達が多く、大人に対しても物おじしない活動的で外交的な女の子でした。

学校が大好きだったＦちゃんでしたが、小学校の卒業を二カ月後に控えたある日、「明日から学校に行きたくない」と言い出しました。お母さんは、Ｆちゃんに「学校で何かあったの？」と聞きましたが、Ｆちゃんは理由を言おうとしません。けれどもお母さんは、Ｆちゃんのお友達のお母さんから、Ｆちゃんが担任の先生から叱責《しっせき》を受け、叩《たた》かれたということを聞かされました。

驚いたお母さんはＦちゃんから話を聞きだし、「学校に（抗議の）電話をする」と言いました。Ｆちゃんは、「学校には電話しないで。先生に怒られるから」と訴えましたが、「Ｆには何も言わないでください」という条件をつけて、お母さんは学校に電話をしました。

ところが、担任の先生は約束を破ってFちゃんにそのことを話し、母親が学校に抗議の電話をするようなことはしないように、と言ってFちゃんに注意しました。Fちゃんはその後、不登校になりました。こうした経緯《けいい》のなかでお母さんは、学校、とくに担任の先生に対する不信をつのらせ、ついに学校以外の場にも、学校の対応の不誠実さを訴えるようになりました。

困り果てた学校側は、Fちゃんのお母さんに対し、私（セラピスト）のもとに相談に行くように勧め、私には直接教頭先生から、緊急扱いでFちゃんのお母さんを面接してほしいという依頼がありました。こうしたケースは、保護者と学校の争いの嵐に巻き込まれてしまう難しさがあります。

けれども、Fちゃんの両親が「担任を告訴し、教師を辞めさせる」と言い出し、この件に関して政治家までもが事情を聴きに学校を訪れたという状況を知らされ、やむを得ず緊急扱いで面接依頼を受けることになりました（なお、現在は、初回面接を緊急扱いで特別に受けることはお断りしております）。

学校からの情報では、Fちゃんのお母さんは、気性が激しく、何を言っても耳を貸さない方だ、という印象を受けましたが、対決しているはずの学校側の勧めを素直に受けて面接にやって来ること自体、学校側が語るお母さんの印象と違うのではないか、と思いました。素直で屈折していないまっすぐなお母さんではないか、という気がしたのです。

学校側の印象とは対照的な純粋な人物

初対面のお母さんは、知的で凛《りん》とした印象の方でしたが、一人で戦っている小さな兵士のようにも見えました。

「Fは音楽の時間に声を出していない子に『もっと、大きな声を出して』と注意をしただけなのに、その子が担任に言いつけてFが先生に怒られたんです。前からその先生には問題があるのです。一学期にも、子どもたちが教頭先生のところに担任のことで駆け込んで行ったらしいんですよ。教頭先生のところに行った子どもたちは、担任に呼び出されたらしいのです。『お前ら何で教頭のところに言いに行くんだ』って。それからというもの、うちの子だけがターゲットにされているという話を他のお母さんから耳にしました。

家で担任の先生の話をすると、Ｆはご飯が食べられなくなったり、気持ちが悪くなったりしているんですね。しばらく休むと言って、そのままにしていたんですけど、他のお母さんからの情報で、Ｆだけ別室に呼ばれて先生から怒られていたことがわかったのです。Ｆは誰かが泣いていたら、『どうしたの？』って声をかけてあげる子なんです。先生は『チョンとしか叩いていない』と言うんですよね。

担任の先生は『申し訳ありません』って言うんですけど、弁明ばかりで何の対応策もないままなので、他の子どものお母さんと対応策を話し合っています」と、強張《こわば》った表情で淡々と話すお母さんは、ヒステリックな女性というよりも、自ら武器を持って戦わなければならない孤独で繊細な女性という印象でした。

人の同情をかうために涙を流し、周囲を操作し巻き込むというようなタイプとは対極にいる方です。このような女性は、いったん戦闘態勢に入ると手ごわい面もありますが、ストレートで屈折しているところがなく、こころを開くことができれば、誰よりも純粋な面が表れるのでしょう。私は〈子どもを守るために、学校と直接戦うことも時には必要な場合もあるかもしれませんが、Ｆちゃんのこころの傷を癒《いや》す作業を優先させるべきではないでしょうか〉と伝えました。お母さんは涙を浮かべながら、素直で純粋な表情でうなずきました。

自分のことを「僕《ぼく》」と言うFちゃん

Fちゃんは、お母さんに連れられて初回面接にやって来ました。背が高く細い身体《からだ》つきのFちゃんは、話の最後に「ねぇ」「でしょう?」という合の手のような言い方をするのが特徴的です。軽快な語り口で話しながら、時おり私に笑顔を向けますが、Fちゃんのこころのなかにいる〝小さな子どものFちゃん〟は泣いているように見えました。Fちゃんは女の子ですが、自分のことを「僕」とか「俺《おれ》」と言います。

箱庭の砂を触り、「何これ?」と言い、棚を見て、「すげぇ〜!」と言いながら、砂の上に玩具《おもちゃ》を置き始めました。砂のなかには鮫《さめ》がいて、不穏な動きをしています。「水面下で何かが動いている」と言います。珊瑚《さんご》についている熱帯魚の玩具を置きます。左上に置いた蝸牛《めうし》を柵で囲みます。「柵がないとね、ここは海だからヤバイでしょう?」と言います。馬を中央に置きます。二頭の馬はにらみ合っています。Fちゃんは馬を指さして「けんか、けんか」と言います。

右側には家族三人がヤシの木の下に座っています。「近くに団子屋《だんごや》さんがある。団子屋さんに誰かいないと……。ううん、やっぱり、団子屋さんはおじいさんでしょう。うん、これでいいか」。ズボンをはいていない横縞《よこじま》のTシャツを着た男の玩具の足を後ろに曲げて、腰のあたりまで砂のなかに埋めます。「こうすれば、わかんないでしょう」。ズボンをはいていないことには何の反応も示していない様子です。ヤシの木を全部探し出して持ってきて置きました。

雌牛は子どもを育てるためのミルクを出すので、母性を表すともいわれています。その雌牛が柵のなかに入って隔てられているということは、Fちゃんは無意識の世界で栄養を与えられていないのでしょう。また、馬は闘争を象徴しています。二頭の馬が争っているということは、Fちゃん自身が大人の争いに巻き込まれているようです。

団子屋さんという食べ物屋さんも男性です。母親が直接的で男性的な争いをする方なので、Fちゃんは「僕」と言わざるを得ないのかもしれません。一見、現代っ子という感じがあり、全体のイメージは軽く、明るく、言葉も達者なので、ませた女の子という印象を受けますが、こころのなかのFちゃんは幼い印象です。繊細で几帳面《きちょうめん》な感じもします。

二回目の面接に訪れたFちゃんは、ほっぺを赤くしてVサインをしたりします。前回に続いてFちゃんは箱庭を制作しました。斜めにかけたポシェットのなかからガムを取り出し、「はい」と笑顔で私に渡そうとしましたが、「もらえない」と言うと、Fちゃんは、ちゃめっ気のある笑顔で、「シー、シー」と、いたずらっぽい表情で〝内緒にする〟というジェスチャーをしました。

それでも私が受け取らずにいると、「あっ、誰かこれ使った？　こういうふうにしなかったのに。誰か触ったでしょう。箱のなかの砂の形が違う」と言って、すぐに棚を見て「あっ、これここになかった。やっぱり誰か使った！」とも言いますが、それ以上は執拗に追及することはありません。

「餌《えさ》は自分で用意しなきゃ」と言い、バスタブに海藻《かいそう》を入れます。「これ！　あははは。ニワトリも入れる？　ニワトリは生きれないし。ニワトリを入れるとしたら、芝生が必要かな」と言い、芝生を箱のなかに置きます。

前回の箱庭では雌牛が柵で隔てられていたため、栄養が手に入りませんでしたが、今回は自分で自分を育てるために、バスタブのなかに海（心理学では無意識を表すもの、と見ます）が育《はぐく》んだ栄養である海藻を敷き詰めます。バスタブのなかで育まれるとしたならば、生まれ直しのバスタブといえるかもしれません。

「ニワトリは生きられない」とFちゃんは言いましたが、ニワトリはじっと動かず卵を抱き、自分の体温で温めて孵《かえ》すところから、母性的なイメージといわれています。このままでは、卵を生んでも育てられないことを表しているのかもしれません。

日常のFちゃんのお母さんは、Fちゃんを守ろうと必死に戦っていますが、お母さん自身が戦わなければならない何かを抱えているのでしょう。Fちゃんとお母さん自身の、こころの世界での育て直しの作業が行われていくことになりました。

「こころの栄養」がテーマ

小学六年生のFちゃんは毎回、積極的に箱庭を作りました。箱庭のなかには、アヒルやカモが泳ぎ、象は水を飲もうとしています。ゴリラは木に登り、バナナを取っています。キリンも高い木の実を食べています。鹿は餌入れから餌を引っ張っています。この箱庭から、「餌」つまり、こころの「栄養」がテーマになっていることがわかります。

二月に入り、Fちゃんが「学校に行きたい」と言いだしました。本来ならば、喜ばしい事態ですが、お母さんは戸惑っていました。「急に『明日、学校に行く』と言い出して、自分で用意して行ってしまいました」と、困惑した表情で言いました。

「いろんな人から、『もっと、子どもに苦労をさせなきゃいけないの？』とか言われて、『なんで子どもにこんな苦労をさせなきゃいけないの？』と主人と話しているんです。主人は土・日も子どもたちのために時間を使ってくれています。学校の方針だと言って、親にも説明せずに、全部、内々で処理するのが許せなかった。Ｆが担任に傷つけられて帰ってきて、何でうちの子ばかり、っていう気持ちでした」とお母さんは話しました。

こころに栄養が与えられていない

Ｆちゃんの不登校の次の問題は、お母さんが〝敵〟に向かって振り上げたこぶしを、いかにＦちゃんを傷つけずに下ろすのか、ということがテーマになりました。お母さんの「子どもに苦労をさせたくない」という強い思いは、屈折していないお母さんにとって、外の敵と戦うときの〝錦の御旗〟なのかもしれません。

「うちの母親は、酒飲みの父親にも、姑《しゅうとめ》にも苦労していました。私は苦労した母親に頼らずにきました」とお母さんは語りました。

守ってくれるべき母親に頼らずに、戦う戦士となったお母さんのこころのなかの小さな女の子の姿が見えるようでした。母親に守られた体験がない子どもが大人になってから、子どもに依存して精神的に寄りかかる母親になってしまう場合と比べると、子どもをつぶさない立派な母親だといえるでしょう。

けれども、お母さんは必死に子どもを守ろうとしているのですが、Fちゃんのこころは守られている、とは言えなかったようです。Fちゃんは画用紙に鮫の絵を描いて面接に持ってきたことがありました。また、箱庭を作ったときに砂のなかで鮫が不穏な動きをしていたことからも、それがうかがえます。お母さんは、実際にはFちゃんを外側だけで守ろうとしていたのではないでしょうか。

お母さんが子どものこころを守ることができれば、子どもはこころに栄養（安心感）を与えられます。しかしFちゃんは、実際にはこころに栄養をもらっていないことを、〝鮫がうごめく〟という表現で表していたのかもしれません。なぜなら、鮫のイメージは人を襲う生き物で、生命を育てる生き物ではないからです。子どもを犠牲にしたくないという純粋なお母さんが、自分のこころと取り組むようになれば、子どものこころを守ることができるようになるでしょう。

生命を育む女性性の芽生え

二月の初旬、Ｆちゃんは箱庭に、家や店、池、井戸、橋、椅子《いす》、テーブル、木、人間、蛇、犬などを置きました。お母さんがノックをすると、「ちょっと待って、開けたら殺すよ」とＦちゃんは言います。ドアを開けたときには、お母さんは離れた場所に立ち、決して面接室のなかをのぞこうとはしません。

二月中旬から、Ｆちゃんは毎日学校に行くようになりました。お母さんは、次のように語りました。「Ｆは、私と学校の間のことを心配していたのでしょうか。私は理論的には、正しいことを子どもに教えてきました。でも、はたして子どものこころと向き合っていたのかな、と思います」。

お母さんは正義を理論的に教えてきましたが、子どものこころは砂漠化していたのです。「激しい感情があるんだけど、私は感情を上手《じょうず》に表現できなかった。こころから何かを楽しんでいない。物事に没頭していても、それは頭で考えているにすぎないと思う。

こころで感じるって、もっと違うのだろうな。もしかしたら、私がFを学校に行かせていなかったのでしょうか」。

お母さんは一生懸命に頑張ってきましたが、お母さん自身が意識していない、自分のこころのなかの子どもの怒りが、形を変えて、Fちゃんと同一化し、外的に（現実に）大人と戦っていたのかもしれません。

Fちゃんは面接で、砂漠をテーマに箱庭を作りました。「今度のイメージは砂漠。ラクダに人間が乗っているの。犬が三匹、そして馬。今日は変わった餌を作る。貝を乗せるの」。海藻を餌に見立てて、小さな貝を乗せています。犬は食器で水を飲んでいます。そのとき、お母さんがドアをノックしましたが、「開けちゃ駄目。開けたら殺すぞ」と、Fちゃんは威嚇するように叫びました。

初回の箱庭で出てきた海藻が、今度は砂漠に出てきて、その上に貝を乗せています。貝は女性性のシンボルといわれています。生命を育む女性性が芽生えてきたのでしょう。ここで言う女性性というのは、女性らしさということではありません。〝抱える〟とか〝待つ〟というような女性性の力を母親からは与えられなかったので、Fちゃんは箱庭のなかで餌や水で自らを養ってきたのです。砂漠のようなこころの世界に、餌や水を入れてこころを養うことと、争いに巻き込まれないで女の子として生きることが、テーマになっていることがわかります。

今回の箱庭のなかでは、白バイに女の子の赤ちゃんが乗っています。兵士が大きな蛙の周りを囲んで銃を向けています。鳥居を加え、白バイに乗った〝スーパー赤ちゃん〟に鳥居をくぐらせます。「このスーパー赤ちゃんが負けるわけないでしょう」と言います。再びお母さんがノックをすると、今度は「お母さんも入れて一緒にしたいな」と言いました。Fちゃんが出て行ったあと、箱庭を見ると、砂の上に指で「あみや先生バイバイ」と書いてありました。

箱庭作りが佳境に入っていたときに、「開けたら殺すぞ」とお母さんに言ったFちゃんは、こころの世界の作業として母親を切断していたのかもしれません。箱庭（こころの世界）のなかで餌と水（こころの栄養）が与えられるようになり、こころの世界で母親切断ができたあとでの、「お母さんも一緒に」と言ったFちゃんの言葉には大きな意味があったので、お母さんに、「面接は次回で終了します」と伝えました。

繋がったこころの世界の入り口と出口

三月に最後の面接を迎えました。Fちゃんは箱庭を作りながら、こう言いました。「馬を使おう。動物が死んじゃうから、水を作ろうかな？」。ライオンが向き合ってけんかをしています。豚《ぶた》は餌を食べています。中心に花の輪が置かれ、その真ん中にピンポン玉が置かれています。「これ、〝守りの玉〟だよ。何かあるとピコピコ光るの。この世界を守る玉。光るとなかからこういうの（兵士の玩具）が出てくるの。動物たち（馬二頭）がけんかを始めると、たとえばこういうふうに光が出てくるの。動物たちはけんかをやめるんだよ。兵士が出てきたら怖いから」と話しました。

その後、Fちゃんは黄色いリボンを巻いて丸めた画用紙を取り出し、「はい。卒業証書」と、恥ずかしそうにくれます。画用紙には、大きなクジラが描かれていました。終了の時間になると、Fちゃんは「シーユーアゲイン、あっ、シーユーじゃないのか……」と言いながら手を振り、そして振り返らずに面接室を出ていきました。私は「さようなら、

Fちゃん」とこころのなかで呟《つぶや》きました。

食べ物（餌）のテーマのなかに、花という女性的なテーマが加わりました。砂漠に餌や水を入れ、最初の箱庭で出てきた争う動物が再び出てきましたが、「世界を守る玉」によって争いは解決することができると言いました。箱庭（こころの世界）の入り口と出口が繋がったのです。〝卒業証書〟と言って渡してくれたクジラの絵もそのことを表しています。クジラは、子育てをする海の生き物です。Fちゃんのこころのなかのお母さんが、冷たい鮫から温かいクジラに変わったのでしょう。

大人の争いに巻き込まれなくなったFちゃんは、小学校卒業と同時に、こころの作業を終えて、面接も卒業しました。Fちゃんは、セラピストと出会い、こころの作業に取り組むことで、こころの世界を生きられるようになったのでしょう。

争いに巻き込まれないためには、砂漠化したFちゃんのこころの世界に水と栄養が必要だったのです。面接の最後のほうで、鳥居という宗教的なテーマが表現されていますが、誰しも人間のこころの最も深い部分には、宗教的な世界をもっているといえるでしょう。こころの深いところから、Fちゃんを助ける最強の援助者（白バイに乗ったスーパー赤ちゃん）が鳥居をくぐって現れます。現実の世界にけんかはあるけれど、そのけんかに巻き込まれず、Fちゃんを守る存在がスーパー赤ちゃんなのでしょう。

このスーパー赤ちゃんは、最後の面接では、「世界を守る玉」に変化しています。両方とも、最強の力の象徴です。外でどんなにけんかが起こっても、Fちゃんのこころは守られていることを意味しています。

一方、お母さんはその後も自分自身のこころの課題に取り組み続けました。現在、中学二年生になったFちゃんは、毎日元気に登校し、運動部の部活も精力的に頑張っています。

■こころとこころの対話

人のこころの問題は、外側からのアドバイスや治療では、根底から解決することはないでしょう。この事例を読まれた方は、Fちゃんの箱庭作成が、作品作りが目的ではなく、まさにこころの問題を解決していくためのプロセスだということを、感じられたのではないでしょうか。無意識が機能していくことで、こころが回復するのだということを、Fちゃんとのプレーセラピーから教えられます。

子どもの無意識の力には、こころから敬意を覚えます。意識（頭）では、具体的な治療方法をどのように進めてよいかわからないにもかかわらず、無意識はみごとな治療の展開をします。これは、一見、すべてを無意識に委ねているようにも見えますが、無意識が動くためには、ある一定の条件があると考えられます。それは、頭が優位に立たない、言い換えれば、頭で考えることの限界を体験することが必要だということです。このことは、口で言うほど、簡単なことではありません。とくに私たち大人にとっては、頭を使わない、ということがいかに難しい作業であるか、セラピーを体験すると実感することでもあります。

私たちの心理臨床の世界では、〝こころを開く〟ことが重要だといわれています。学派が違っても、ある程度このことは共通していると思われますが、とくに分析心理学に立脚した立場に立ったセラピーでは、クライエントのこころの援助をするために、自らのこころを開く作業は欠かせない作業なのです。ですから、セラピストはセラピストの立場でありながら、いえ、そうであるからこそ、自らの内界（無意識）の声を聞くために、教育分析という、こころを開くトレーニングを受けるのです。

事例のなかのFちゃんのお母さんは、戦う戦士のような方でしたが、セラピストのこころのなかから、純粋なこころをもった少女の姿のイメージが浮かびました。このように、クライエントを本当に理解するためには、セラピストのこころを通すことが不可欠になるのです。一方、一見悩みなどはないかのように見えるFちゃんと出会ったときのセラピストは、小さな子どものFちゃんが泣いているように見えました。セラピストの無意識が動きだすと、Fちゃんの無意識が動きだし、外側では、軽快な語りをしながらも、箱庭の世界では、次々と深刻なこころのなかの問題と取り組み始めたのです。子どもは大人よりもはるかに無意識からのメッセージをキャッチする能力が高いことがわかります。

Fちゃんとセラピストは、箱庭を介しながら、お互いのこころを通して対話をしていました。Fちゃんは、戦いのテーマ、こころの砂漠化のテーマ、母親との関係のテーマ、育て直しのテーマなど、到底知識ではできない治療を展開させ、最後には、最強の赤ちゃん、こころを守る玉が誕生し、わずか二カ月というスピードで、セラピーを完結させました。この速さの要素には、Fちゃんの年齢の若さと、彼女自身の無意識と繫《つな》がる能力の高さ、そして、お母さんの治療への協力が欠かせないものであったでしょう。

ケース6 突然怒りが爆発してキレてしまう青年

父親からの暴力

G君は二十歳《はたち》の大学生です。彼は小学生の頃から、落ち着きがなく、突然イライラしたり、キレると理性では止められない強い衝動が起こりました。クラスメートや妹に暴力を振るい、けがを負わせたことが何度もあったといいます。このように衝動を制御できない状態が高校に入学するまで続きました。

G君自身、キレることはよくないことだと十分自覚していましたが、自分の力では抑《おさ》えることができないので、高校生になってからは、人とかかわらないように、自分の部屋に閉じこもる生活をしていました。そして、人とかかわらないまま大学生になったG君は、一度キレてしまうと感情のコントロールができないことに悩んでいました。

G君の家族は会社員の五十歳代の父と母、十六歳の妹との四人家族です。

初回、面接室に現れたG君は、口だけが笑っている印象でした。ぎこちない動き方で、一見すると、挙動不審のようにも見えます。

「小学生の頃から、ささいなことでキレて事件を起こしてしまいました。もしも大人だったら、障害事件で逮捕されていたかもしれません。父も似たような性格で、家庭内暴力(父親からG君への暴力)を受けてきたからかもしれません。その父も、祖父に虐待に近い暴力を受けていたようです。

僕は父から、小学生から中学生になるまで暴力を振るわれてきました。実際、そのことによってストレスがたまっていたのは事実です。一度キレると、たまったものが爆発し、抑え込んでいたものが突発的に出て、完全に意識では制御できない状態で暴力を振るっていたのだと思います。何度かそういうことを繰り返してからは、人と接触するのが怖くなって、ほとんど一人で行動していました。

それでも、突発的な怒りが込み上げてくることがあるので、このままだと社会に出たときに、大変なことになるかもしれない、いつか重大な事件を起こすんじゃないかと思うと怖くなる。この病気はなかなか治らないのではないでしょうか」

G君は丁寧な言葉遣いで、私(セラピスト)とは目を合わすことなく、口元だけ笑いながら、オドオドと怯《おび》えたように語りました。

G君は攻撃的衝動に抵抗できずに、暴力的行為をしてしまうという、間欠性爆発性《かんけつせいばくはつせい》障害《しょうがい》の疑いがあります。この障害の病因としては、いくつかの因子に分けられますが、

G君の場合は、人生早期に暴力にさらされ、成長期の子どもが衝動制御が困難な不適切な手本（G君の場合、父親）に同一化する「心理社会的因子」に当てはまると思います。人生初期の欲求不満や抑圧、敵意は、病気を誘発する要因といわれています。

けれども、暴力を振るう父親だけが大きな影を落としたわけではないことが、のちにわかってきます。母親の守りがあれば、このような状態にまで悪化することはなかったでしょう。

いじめにも遭っていた

G君は立て続けに話をしましたが、セラピストに語っているというよりも、自分自身に話をしているような印象もありました。

「子どもの頃に、よく暴力を振るわれる怖い夢を見ていました。実際に痛みがあって、目が覚めたら、泣いていたこともあります。親に対しては、怒りより悲しみだけでした。中学校のとき、学校に行くのが本当に嫌になって、サボったり、家に帰りたくないから、しばらく街を遊び回って、すごく遅く帰ったことがあります。（自分の状態に）気づいてほしくて、家出をしたこともありました。いじめに遭っていたから、塾にも行かなくなって、すごく怒られて『（家から）出ていけ』と言われたこともあります。学校では厄介者扱いをされていて、何をするでもなく、机に座っているか、廊下に座り込んで、ぼうっとして過ごしていました。

高校時代は、話しかけられれば、最低限のことは答えたけど、せいぜい相《あい》づちを打つくらい。人と深くかかわらないようにしてました。でも最近、このままじゃいけない、社会で生きていけない、と思う。いじめられた経験が多いせいか、どこに行ってもいじめられる気がして、関係を避けて、みんなから悪い印象をもたれていました。俗にいう、嫌われもん、ってヤツですね。話しかけても無視するような人間に、好印象をもつはずないですから。学校の調理実習では、作るのも片づけるのも全部人に任せて、自分は本だけ読んでいるみたいな……」

そこまで話すと、G君はしばらく沈黙しました。けれども、下を向いて笑っています。そして、笑ったまま再び話し始めました。

「いじめが学校で横行していた中学時代、担任は『いじめ問題を考える』って問題提起をして、いじめっ子に謝らせていたけど、結局悪循環で自分へのいじめはなくならなかった。もう自分は、妹に当たるしかなかった。学校から帰って部屋にひきこもって、人を避ける消極的な面と、突然キレる攻撃的な面があって、消極的になればなるほど、余計に攻撃的になる気がする」

G君は小学生の頃からいじめに遭っていました。いじめの問題も、大人の問題が背景にあることが、あとからわかってきます。いじめという「悪」を成敗するという、短絡的な方法では、いじめを根本的に解決することはできないのでしょう。

「両親に対しても幻滅したというか、ストレスが限界までいっちゃったときは、両親への殺意が浮かんできます。攻撃的な面では殺意が浮かぶけど、消極的な面では自殺を考えていた。自分の身体を傷つけたり、自傷行為もした。小学校時代は自殺願望が強かったのに、中学校時代には何もかも消してやる、って思うようになった。どちらも駄目なら、自分はいったいどうしたらいいのか……。高校時代には自暴自棄で、諦《あきら》めにも似た気持ちでした」

G君のような障害は、衝動制御ができない半面、無能で無力であるという感覚や、誰も助けてくれず、状況を変えられないという感覚が爆発（暴力）を引き起こし、その後に、不安や罪の意識、抑うつが続くといわれています。

大人から受けた暴力による傷

「ただぼうっとしていると、昔の嫌な思い出がフラッシュバックのように思い出されるから、ゲームをしたり、読書したり、テレビを見たりとか、何かしなきゃマズイと思って頑張ったけど、どうにもできなかった」

G君が語るように、苦しんでいる現代の子どもたちの多くは、必死になって自分のころのバランスをとるための努力をしています。こうした子どもたちの苦しみを、周囲の大人たちはどれだけ理解しているでしょうか。実は、子どもたちの問題は、子どもたち自身にあるのではなく、大人たちが子どもを傷つけ、そして、そのことで症状や問題が起きた子どもの気持ちを理解することができない大人の側にも問題があるのです。

「自分の衝動性を人に言えないで、一人で抱え込んでしまう。自分はこれからどうしたらいいんだろう？　何か脱力感に似たような虚無感や無力感に襲われる。自分が何をしたいのかわからない。あれ（傷害事件）以来、自分は無力でどうしようもない人間だ、と思って、ね！（自分に語りかけるように）

自分が嫌いになってしまった。いじめを受けてきたから、人間に対して疑心暗鬼になってしまって。いちばんショックだったのは、小学校のときの一番の遊び友達が、気がつくといじめっ子の仲間に加わったこと。それ以来、人を信用できなくなった」

最初は、「父親イコール悪」という構図を語っていたG君でしたが、母親から受けた傷についても語るようになりました。

「母親は仕事のストレスを僕にぶつけて、罵声《ばせい》を浴びせることが多かったですね。子どもはストレス発散の対象のように思っていると思う。母親に罵声を浴びせられ続けたせいか、自分は駄目な人間だという、卑下する気持ちが強くて、自分なんか何の役にもたたないから、学校の行事に誘われても、迷惑をかけるんじゃないか、って参加しなくなっちゃった。みんなで何かやるというときは、消極的になる」

大人から受けた暴力による傷が、次のいじめを生み出すことをG君は語りました。

「父親は、殴るのは教育だ、しつけだ、と言って、暴力でわからせようとしていたから、恐怖や諦めがあった。暴力で育てられて、強くなければ駄目だ、と思っていたから、自分より弱いものを攻撃して、小さな満足というか、自分を慰めようとするみたいに、自分は弱い妹をいじめてしまった。今は反省しているんです。こんなことに妹を巻き込みたくなかった。当たられるほうには、何の罪もないのに……」

G君は、自分のこころの傷や病理を自覚する力をもっています。自分の内からわき上がる得体《えたい》の知れない衝動を解決するために、こころの作業に取り組んでいきました。

「ゲームはストレス解消になる」

G君は毎回のように、自分のこころの状態や、将来への不安を語りました。「自分はいつの間にか、苦しいときも、嬉《うれ》しいときも泣かなくなって、感動もなくなってしまった。もう傷つくのが嫌だから、殻に閉じこもったままです。このままだときっと、就職しても人間関係でうまくいかないでしょうね」。

口元が笑ったまま話していたG君でしたが、初回面接から四カ月が経《た》った頃には、ときどき深刻な表情を浮かべるようになりました。

「まだ、集団のなかでは話せないですね。自分の思い通りにいかなかったときや、自分の意見を否定されたり、善意でやったのに、『大きなお世話だ』と言われたときに、キレそうになるけど、必死に抑えています。小学校のとき、妹に手をあげたら両親は激怒して、『お前は血も涙もない。人間じゃない』と言われ、すごくショックを受けた。罪悪感に苦しみ、それを溜《た》め込んで、中学校に入ってから、（クラスメートを）殴るという暴力事件を起こしてしまった。気がついたら、相手がけがをしていて、ぼう然とした。中学校では自分を守るために、ナイフを隠し持っていました。小学校のときは、授業中にちょっとからかわれただけで、身の回りの道具で相手を刺しちゃって。周りの大人はやったことを怒るだけで、なぜやったのかはまったく聞きもしなかった。世のなかでは、（少年の犯罪）事件が起きるとゲームを取り上げろ、と言うけど、ゲームはストレス解消になるし、取り上げるほうが危ない。自分も、もしもゲームがなかったら、暴力行為を止められずに、もっと危なかったと思う」

G君が言うように、凶悪な少年事件が起こると、〝ゲームは殺してもリセットできるので、人間が死んでも生き返ると思ってしまう〟〝命の重みがわからなくなる〟など、単純な「ゲーム悪の論理」を述べる方がいるようです。しかし、G君が言うように、このころの危機的状況のなかで、ゲームに夢中になることにより、ファンタジーの世界に入ることができるおかげで、逆にアクティングアウト（行動化）を予防する効果もあるのです。G君の言葉は、大人の思い込みの理論とは異なり、体験者の言葉ゆえに信憑性《しんぴょうせい》をもっています。

マスコミの論調に過度に影響を受けたり、固定観念に縛られたりせずに、子どもたちのこうした声に真摯《しんし》に耳を傾け、想像する力をもつということも、私たち大人に求められていることではないでしょうか。

臨床現場に携わっていると、現代の子どもたちは、そうしたマスコミなどの〝外側〟に惑わされず、真実をとらえる力があるということを痛感します。

いじめる子どもも大人の被害者

面接時間のほとんどを話し続けていたG君でしたが、初回面接から六カ月が過ぎた頃から、徐々に沈黙をするようになり、内省できるようになってきました。

「最近知ったのですが、小学校のとき自分をいじめていた子は、その父親からの暴力がすごかったらしいんです。その後、罪を犯して、逮捕されたって耳にしました。自分をいじめていた加害者も、結局、大人の被害者だったんだ、と思うと、ちょっと複雑な気持ちになった。あとで仕返ししてやろう、と思っていたのに、仕返ししづらくなっちゃった」

子どもたちのいじめの解決には、〝いじめをなくそう〟というスローガンを掲げる前に、大人が子どもをいじめないことから始めなければならないことがわかります。子どもの世界でいじめが生まれる背景には、いじめっ子にかかわる大人（親など）の側にこそ、こころの問題が横たわっていることに、どれだけの大人が気づいているでしょうか。

「今は、人とかかわろうと思って、無理に笑顔を作って話しています。でも、空しくなってしまう。もうトラブルを起こしたくないから、繕《つくろ》うしかない。繕わないで話せるのは妹だけ。親に対しても取り繕っている。母親から、『お前には手がかかったんだから、感謝しなさい』と言われるけど、物質的なことをしてくれただけで、どうにも感謝できない。母親は、精神的な〝化粧〟をしているから、外では〝いい人〟で通っている。だから余計に、〝いい母親を悩ませている子どもが悪い〟と、周囲から批判される。早く独立したい。親元を離れて、一人暮らしをしたい。親から遠く離れて暮らしたほうが、表面で判断されて批判されることもない。自分がこうなったことを母親は、暴力を振るった父親のせいだと言うけど、自分にも問題があったと自覚していない」

G君は、身体症状と、それに伴う周囲からの偏見にも苦しんでいたことを語りました。

「中学生の頃、皮膚炎になって、あかぎれができたり、じん麻疹《ましん》が出たり、血の流れと一緒に〝赤く〟なったり〝黄色く〟なったりした。『移る』と言われて、みんなに気味悪がられました。身体中痒《かゆ》くて掻《か》いていたら、お風呂に入っていないと勘違いされて、『不潔だ』って、とくに女子に毛嫌いされていた」

重い外傷体験と自殺未遂

初回面接から九カ月が経ったある日、「自分のなかで少し変わってきたことを今日お伝えしたくて」と、G君は、笑顔を向けて話し始めました。

「治療（セラピー）を始めて、少しは人と普通に会話ができるようになってきました。この頃になって、ようやく仮面が剝《は》がれてきたというか、昔の自分からは信じられないくらい、思いやりとか、そういったものが復活した感じです」

この時期には、わずかにユーモアを交えて話すようになりましたが、これまで語られなかった過去の重い外傷体験を話すようにもなりました。

「小学校のとき、学校でも塾でもいじめられていたけど、いじめっ子は子どもだけじゃなかった。塾では、先生に殴られたことがあった。学校では担任から、『いじめられるお前も悪い』と言われた。忘れ物をしたときに、『私は鳥頭です』と書いた紙を担任が僕の背中に張って、『そのまま歩け』と言われた。そのことで担任は、別の学校に転勤になっただけで、お咎《とが》めなしだった。学校では、人を疑うことだけを教えられた気がする。誰も信じられなかった。生き残ることで精《せい》いっぱいで、夢も希望もなかった。その頃、突然ばぁっと光がかかって、誰かもわからない声が聞こえて、その声と話したり、人が見えなくなることもよくありました」

その頃のG君の精神状態は、極限まで追い詰められ、ある種の精神病性障害が現れていたのかもしれません。

G君はさらに重い口を開き、自らの自殺未遂体験を話しました。

「自分の思いのたけを、安心して言いたい放題言える場があれば、それだけでも結構救われる。慰めも同情もいらない。かえって惨《みじ》めになる。自殺だってそうですよ。こうして、じっくり話を聞いてくれる人がいたら、自殺をしようと思わないと思う。僕は小学校のときに、本気で死のうと思い、自殺を決行したけど、結果的に失敗した。カーテンレールにゴム状の縄跳びをつけて、首を吊《つ》ったんです。でも、ガムテープで固定したから落っこちたんです。首も痛かったけど、落ちたときの衝撃のほうがものすごく痛かった。このことは、誰も知らない。遺書も書きました。自分をいじめていたやつの名前、学校の先生の名前、母親と父親の名前も書いた。名指しで書かないと、自殺が原因不明であやふやにされて終わってしまうから。でも今は、死なないで本当によかったと思う」

「キレる衝動」がなくなる

初回面接から一年半が経った時期には、夢の変化と、妹への思いについて語りました。

「昔から、崖《がけ》から落ちたり、竜巻に巻き込まれたり、家族が襲いかかってくる夢をよく見ていたけど、最近は見なくなりました。その代わり、自分を傷つけた大人たちをぶん殴った夢を見ました。霞《かすみ》がかかったように大人たちが消えていった。最大の後悔は、妹に手をあげたことです。兄妹同士で傷つけてしまった。大きな過ちでした。妹も人間関係に悩んでいてその上、病弱でよく寝込んでいます。助けられるものなら、妹を助けたい」

G君は、内的な作業（無意識の世界における作業）によって、自分を傷つけてきた大人たちに（無意識の世界の中で）暴力を振るい、G君自身を苦しめてきたこころの問題を解決しました。このことは、現実の〝行動化〟（アクティングアウト）を予防します。そして同時に、傷つけてしまった妹への思いが生じてきたのでしょう。

面接を始めてから一年十カ月が経ち、大学を卒業したG君は、無事に就職が決まり、一人暮らしを始め、自立しました。

「仕事そのものよりも、人づきあいのほうが難しいけど、頑張っています。大人として信用できるかどうかは、自分を省みられるかどうか、だと思う。自分は信用される大人になりたい」

初回面接から三年が経ちました。「毎日、仕事先では、人間関係の勉強をさせてもらっています。最近では、誰かと食事でも行こうかな、という気分になったりもするんですよ」と、恥ずかしそうに笑顔で語ったG君の表情は、純粋な青年の印象です。

長い間、G君を悩ませてきた「キレる」という衝動がなくなりました。また、自分を傷つけてきた者たちへの殺意も消えて、犯罪を予防することができました。G君は、メンタルケアのためにセラピーを続けながら、仕事で優れた能力を発揮し、職場での人間関係も問題がなく、人とかかわりがもてるようになり、順調に社会生活を送っています。

■なぜ衝動が起きるのか

世間では、少年や青年による殺傷事件や傷害事件が起こると、「動機は何か？」と騒ぎます。警察の事情聴取も、おそらくそのような観点で聴き出そうとするでしょう。最近では、連続殺人犯の「誰でもよかった」と言った青年の言葉が報道をにぎわせ、大人たちを震撼《しんかん》させましたが、そのとおり誰でもよかったのではないでしょうか。個人への恨みによる犯行ではないのですから、本当に誰でもよかったのだと思います。

ただ、言えることは、罪を犯した青年が、突然、凶暴な殺人犯になったのではないということだけは明らかです。赤ちゃんとして生まれてから、事件を起こすまでの長い時間に、こころの守りや支えのない状態のなかで、癒《いや》されることのない傷が増え、強い衝動が突き上げてくるのを、理性で抑える限界に達したときが、犯行のときだったのではないでしょうか。

おそらく、人の命の尊さということは、知性では百も承知だろうと思います。知性や理性ではどうにもならないものが、衝動です。強い衝動を強い力（理性）で抑えれば抑えるほど、そのプレスの力は強力になり、抑える限界にきた瞬間に、理性がはじけ飛んでしまうのだと思います。これは決して、凶悪犯を擁護するための説明ではありません。何の罪もない、関係もない人々が被害に遭う、という悲劇を繰り返さないためにも、私たち大人は、外側に向けたアクティングアウト（この場合は犯行）がなぜ起きるのか、ということを理解する必要があると思うからです。

G君の事例は、まさにそうしたこころのメカニズムを学べる体験者のお話でしょう。G君は、幸い大きな事件を起こさずに回復しましたが、本人も述べているとおり、紙一重の状態だったともいえます。事例を読まれた方は、なぜ突発的に衝動がわき上がってくるのか、ということが、少しは理解できたのではないでしょうか。G君は、消極性と攻撃性が混在し、自殺願望と〝何もかも消してやる〟という、破壊願望が混在していたことを語っています。

G君の特徴は、自らが情動と切り離された状態でありながら、自分のこれまでの心理状態を自覚し、行動の経緯を冷静に語ることができた点にあります。自分の理性を総動員させて、あらゆる防衛を試みながら、衝動制御ができない状態をぎりぎりまで我慢してきたことが、G君のお話から理解することができます。

G君は衝動を理性で最後まで抑える自信がないと自覚していたので、突然切れて、傷害事件を起こす前に、人とかかわることを避けたり、テレビゲームに没頭し、ファンタジーの世界で守られながら、問題を起こさないように努力してきました。自分だけの力で防衛するためには、このような対処療法にならざるを得ません。〝現代の若者は甘やかされて、我慢強くない〟という世間の論調は、表面的な視点だということがわかるでしょう。

突然切れてしまう衝動に襲われるG君でしたが、そのこころの奥には、屈折していない純粋さがありました。うそをついて人をだましたり、人を利用することもできない青年です。それだけに、周囲の大人たちから傷つけられ、その上、子どもたちからもいじめられていたことは、G君に生きる力を失わせるほどの絶望感を与えたことでしょう。子どもの頃から、誰にも助けてもらえずに、一人ですべて抱え込みながら生きてきたG君の苦悩が伝わってきたのではないでしょうか。

G君は、一人でセラピーを受けて、勇敢に問題を解決しました。ですから、G君だけが変わり、大人は変わらないままです。今度はG君の妹さんが（ほかのセラピストから）セラピーを受けることになりました。その後のG君は、重要な仕事を任されるほど会社で評価されており、懸念していた人間関係においても、職場の人たちと食事や打ち上げに行ったりと、良好なつきあいをすることができるようになりました。

ケース7 生まれる前から お母さんを守っていた女の子

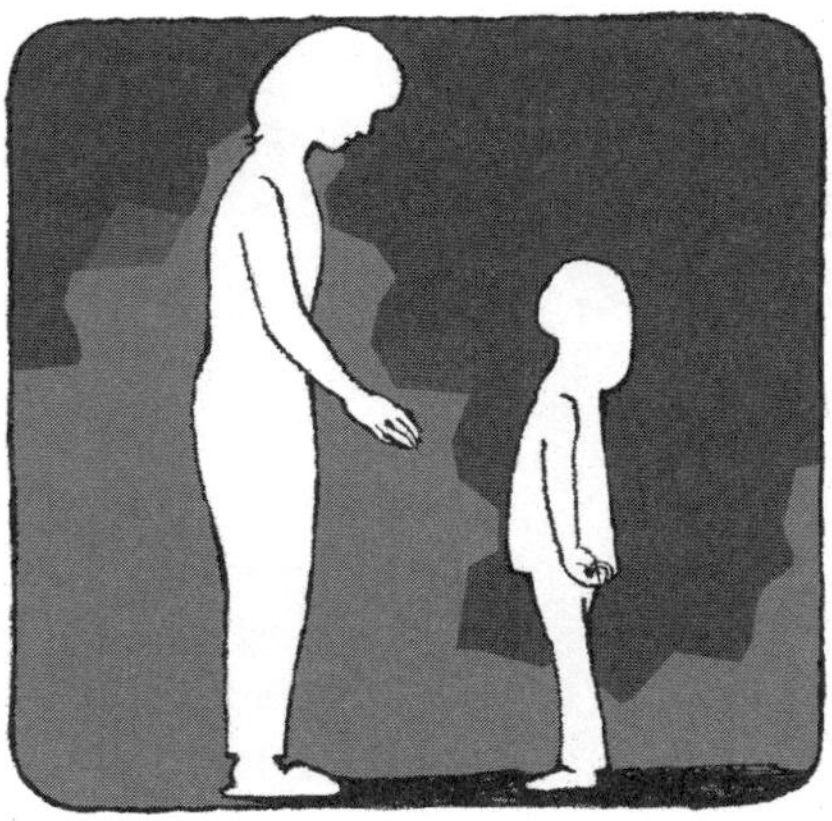

お母さんから離れられない女の子

Hちゃんは、小学三年生（八歳）の女の子です。一年生のときは、休みながらも登校していましたが、二年生になるとまったく行けなくなり、頭痛、微熱、腹痛、吐き気、身体《からだ》がだるい、動悸《どうき》などの症状がありました。一年生のときから二年半の間、公的機関のカウンセラーから、プレーセラピーを受けていました。主にボール投げや、スクイッグル（殴《なぐ》り描《が》き）などをしていたといいます。けれども、Hちゃんの症状はますます重くなり、その上、幼児のようにお母さんから片時も離れることができなくなりました。

そんなHちゃんの状態を心配した母親のIさんは、専門の医療機関を受診させましたが、検査の結果、異常は見られませんでした。「こころの問題」と言われて、そこでもカウンセラーからプレーセラピーを受けましたが、一向に症状の改善が見られませんでした。

Hちゃんが小学三年生になったばかりの春に、学校関係者からの紹介で、私（セラピスト）のもとに、Iさんが相談に訪れました。Iさんは、真面目で謙虚な女性であるという印象を受けましたが、重苦しいものを抱えていることを感じました。

Ｉさんは、次のように静かに淡々と語りました。

「学校に原因があったのではないでしょうか。一年のときの担任の先生が、親には感じがよかったのですけど、子どもに一年中怒ってばかりだったので、かなり傷つけられちゃったと思います。先生は一生懸命にやっていると思いますけど、それでＨは駄目《だめ》になっちゃったと思うんです。Ｈの他にも、お腹《なか》が痛くなったりした子もいました。最初にこういうふうに症状が出たときに、ゆっくり休ませてあげたらよかったんですね。学校を休むことは、いけないことだ、怠けだ、と思って、休ませてあげられなかったんです。休ませてあげることは、親としてはすごく勇気がいることで難しくて、かわいそうなことをしてきちゃったなと思います。本当に逆効果なことばかりしてきたと思います。今は少しスポーツをさせて、無理なく身体を動かせればいいかなと思っているのですが……」

Ｉさんの謙虚さは演技ではなく、自然に出ているのですが、こころの奥には、抑圧された激しい怒りがあるように感じられました。Ｈちゃんの担任の先生の影響がまったくないとはいえないでしょうが、それ以前に母親であるＩさんとＨちゃんとの関係に、大きな問題があると思われました。また、Ｈちゃんのような状態を、スポーツという日常的な行動によって解決しようとしても、根本からの回復は得られないでしょう。

今まで、Hちゃんの治療にばかり目がいき、母親であるIさんのこころの援助がなされてこなかったことも、Hちゃんがよくならなかったことと繋《つな》がっていると思われました。「私も誰かに助けてほしかったのに、相談機関や病院では、Hの治療（プレーセラピー）だけで、私の面接はしてくれませんでした」とIさんは話しました。

Hちゃんに現れている症状は実は母親の症状そのものだった

Iさんは、裏で周囲にわからないように子どもを攻撃しながら、子どもに何らかの激しい症状を起こさせて他者からの同情を引き、注目を集め、周囲を巻き込むというような障害（代理ミュンヒハウゼン症候群《しょうこうぐん》など）ではないと思われたので、自分自身のこころの作業に真剣に取り組むことができれば、Hちゃんの症状の回復と同時に本来の能力を発揮することは可能だと考えました（母親に代理ミュンヒハウゼン症候群などの障害がある場合には、心理療法は難しい）。

こうして、母親であるIさんを「家族の窓口」とした心理療法が始まりましたが、I

さん自身の抱えている問題があまりに重いため、当初の見立てよりもはるかに難しいプロセスとなりました。なぜなら、Iさんは、Hちゃんの状態を語ることはできても、自分の状態や感情がわからなかったので、自分のこころを開くことに相当な抵抗が働いたからです。

Iさんは、現実に起こった出来事に対して、〝自分の感情を切り離す〟という防衛をしながら、一人で頑張って生きてきたのです。のちにわかってきますが、Hちゃんに現れているあらゆる症状は、Iさん自身のものでした。Iさんの回復には、それらの症状がIさん自身に現れてくるようにならなければならず、そのため、辛《つら》く苦しいセラピーの道のりを歩いていかなければなりません。

夫、舅、姑に対する強い怒り

Hちゃんは、会社員のお父さんと、専業主婦のお母さんであるIさんと、七歳年上のお兄さんと、父方の祖父母の六人家族です。Hちゃんのお兄さんは、小学校高学年の頃に家庭内暴力と校内暴力を起こしていました。

「上の子が暴れていたときに、スポーツがいいと思って、野球をさせていました。Hをおんぶしながら、私も付き添って行っていました。でも、主人、舅《しゅうと》、姑《しゅうとめ》からは、ずっと反対されていました。一週間にたった一回、それも半日だけの野球だったのに……。主人は、ゴルフをやりに行ったり、好きなことをやっていました。私は、子どもたちに助けられて生きていたと思います。もしも子どもがいなかったら、とっくに私はつぶれていたと思うんです。姑は世間体《せけんてい》を気にしていて、Hが不登校で家にいることに文句を言ってきます」

感情的にならずに、控えめに話すIさんでしたが、夫、舅、姑に対する強い怒りが感じられました。Hちゃんのお兄さんの問題行動も、母親であるIさんのこころの状態が深く影響しているのだと考えられます。とはいっても、それはIさんが悪いという単純なことでは、決してありません。Iさんのこころのなかにいる〝子どものIさん〟も、恐らく大人（Iさんの実の母親など）の被害者でしょう。子どものために、スポーツに付き添っていたというIさんでしたが、Iさん自身が、無意識にそうした場を求めていたのではないでしょうか。

お母さんの〝こころ読み〟をする

Ｉさんは、さらにこういうことも話しました。

「Ｈが『今日は、お母さんのこころ読みをするの』って、言うんです。『学校に行かない子って嫌だな。せめて、〝仲良しさん〟（教室に入れないような子が行く教室）に行ってくれればいいんだけど』と私が思っている、とＨが言うので、私は『そんなこと思ってないよ』と言ったんですけど、私はどこかで本当はそう思っているのでしょうか」

Ｈちゃんは、表面には表れない大人のこころを敏感に感じ取っているのかもしれません。

次回のセッション（面接）でも、Ｈちゃんとのやりとりが次のように語られました。「昨日Ｈから、『お母さんは、Ｈを傷つけている』と言われたんです。『どういうこと?』って聞いたら、『そういうところが傷つけている』と言われました。Ｈは『お母さんは本当はＨのこと好きじゃないでしょう』と言うんです。『本当に好きだよ』と言うと、『本当は嫌いでしょう。こんな子どもは好きじゃないでしょう』って言うんです。私はＨが可愛《かわい》いのに、どうして、Hがそんなことを言うのかわかりません」

Ｉさんが意識している母親としての気持ちとは別に、こころの深いところで、自由になれなかった女の子（＝Ｉさんのこころのなかの子ども）が存在していたならば、自分の目の前の子どもを本当に好きになることは難しいかもしれません。

〈自分のこころを守ることができないと、子どものこころを傷つけてしまいます。自分のこころを助けられる人だけが、自分の子どもを助けられるのではないでしょうか〉と伝えると、Ｉさんは、しばらく沈黙したあとに、小さな声で語りました。

「私は今まで、きれいな花を見ても、他の人みたいに、『ああ、すてきだね、いい匂《にお》いだね』というのが感じられなかった。心が取り残されてしまったように、四季も感じられなかった。私の季節はいつも冬でした」

初回面接から三カ月が経《た》った頃、Ｉさんは次のように語りました。

「私は、今までただただ走ってきた感じでした。立ち止まることもなく身体を動かして、疲れていることもよくわからなかった。食べ物の味もわからなかった。でも、最近になって身体が動かなくなって、なんだか変なんです。生まれて初めて立ち止まっている感じがします」

これまで身体を動かすことはできても、こころを動かすことができなかったIさんにとって、初めて自分のこころに取り組む準備を始めた表れといえるでしょう。身体が動かなくなるのは日常生活では困ってしまいますが、こころの作業が始まったことによって起きた状態であり、永遠に続くものではありません。のちにIさんから語られる話のなかで、Hちゃんの出生にまつわる家族との関係が明らかにされます。それは生まれる前からHちゃんが受けた、こころの外傷といえるのかもしれません。

お母さんのこころの傷つき

小学三年生のHちゃんの母親のIさんは、面接を重ねるうちに、こころの奥に秘めた重苦しい出来事を語り始めました。それは、今もIさんのこころに深い傷を負わせ、苦しめていました。Hちゃんのお兄さんを産んだあと、Hちゃんを産むまでに二人の子どもを妊娠したことがあるIさんですが、舅、姑、夫に出産することを反対され、中絶していたのです。

「やっぱり、中絶したことが忘れられません。夫があまりに簡単にその事実をなかったことにしているのが許せないし、世の中の男の人全部が信じられなくなりました。中絶したことを人に相談したら、『いつまでもそんなこと考えていないで、前向きに生きて』と言われ、怒りを無理やり押し込めてきました。ここ（面接）で自分のこころに向き合うようになってから、本当に苦しくなりました。呼吸をするのがやっとです。本当の気持ちをわかってくれる人がいないと、この作業はとてもやれないですね」と、青白い顔色でIさんは辛そうに話しました。

ごくまれに心理療法を頭で理解し、「子どもを理解して、支えていこうと思います」と、言葉のレベルでおっしゃる方がいますが、心理療法はそんなに単純な作業ではありません。そうおっしゃる方は、おそらく自分自身のこころの世界から目を背けているから、そう言えるのでしょう。子どものこころを回復させるために子どもを支える、ということは、頭で理解するレベルでできることではありません。逆に、頭で理解したことが有害に働くこともあるかもしれません。必死に自分のこころと向き合うということは、理屈でわかるようなことではなく、Iさんのように痛みや苦しみを伴うものなのです。

「『子どもを産むな』と言った舅、姑に対して、一生こころを開くものか、と思ってきました。そして、『子どもはもういらない』と言った夫を、思い切り殴《なぐ》りたいと思ってきました。でも、必死でそういう気持ちを抑えてきました。そうしなかったら、きっと気が狂っていたと思います。夫の物を洗濯するのも、食事を作るのも、嫌でしょうがなかった」と、怒りと憎しみを語りました。

Hちゃんの症状は、頭痛、吐き気、微熱、腹痛、動悸《どうき》、身体がだるいなどのほかに、歩きながら、突然ガクンと弓なりに身体が後ろに折れ曲がる状態になることがありました。これは、精神分析の視点では、ヒステリー患者に見られる特徴だといわれています。

一方、母親のIさんには、離人症状《りじんしょうじょう》（味覚がなく、暑さ、寒さ、痛さが感じられない。感情も感じられず、自分感覚もない）がありました。これに加えて、Hちゃんの症状がIさん自身にも徐々に現れてきました。

「この頃、身体がだるくて、胸の中が苦しくなる感じで動悸がします。Hと似たような症状が出てきました。私と反対に、Hは症状がなくなってきて、意思表示をしてくれるようになったので、少し変わってきたと思います。Hが訴えていた苦しみや痛さがわかってきました」

Hちゃんを妊娠したときも中絶するよう言われた

二人の子どもの中絶のあと、Hちゃんを妊娠したときにも、舅、姑、夫に出産を反対されたことが、Iさんから明かされました。

「Hがお腹《なか》にできたときに、この子を産む、と言ったら、『あなたは変だ』と言われ、『迷惑だ』とか、『近所に笑われている』とか、『年を考えろ』とか、いろいろ言われました。夫に『大事な命だから』と言ったら、『いつまでそんなことを言っているんだ。話もしたくない』と言われて、三カ月間、夫と話ができないこともありました。私は、今度は離婚してでも産もう、と思いました。ところがその頃、子宮筋腫《きんしゅ》が見つかって、『この状態では（中絶の）手術ができない』と医者に言われ、舅、姑から『仕方ない』と言われて産むことができました。Hを産むと、子宮筋腫がなぜか小さくなったのが不思議でした」

また、次のようにも語りました。

「姑が隣の部屋で舅に、私の悪口を話しているのが全部聞こえていました。一度、夫に話したら、『自分の親の悪口は聞きたくない』と言って怒られた。よく、偉い先生が講演などで、〝今の子どものこころに問題があるのは、おじいちゃん、おばあちゃんと同居しなくなったからだ〟って言うのを聞くと、すごく頭にきます。何につけても、夫と両親だけで話して決めたり、家の建て増しのときも、私は知らないのに近所の人が知っていたり。独りでいるのが寂《さび》しいんじゃなくて、大勢《おおぜい》でいるのにのけものにされているのが寂しかった。苦しくても安心して泣ける場所もなかったし、受け止めてくれるような人もいなかった」

母を守りながら空想世界で生きていたHちゃん

「Hは生まれてから、ずっと私のそばにいて、どんなときでも私の気持ちをわかってくれて、わがままも言わず、優しくて、おりこうな子でした。Hは一年生のとき、『死にたい』と言っていたんです。恐竜ばかり描いていたので、学校では空想ではない物を描くように強制されて、『学校は全然自由がないところなの』と言っていました。『何でHは生まれてきたの？』とか『生まれてこなきゃよかった』と言って、泣いていました。

お腹のなかにいるとき、Hは大変だったと思う。中絶を言われ続けてきたのですから、最悪の胎教ですよね」

「Hは、龍の家族の絵をよく描いていました。龍の家族に囲まれた龍の赤ちゃんがいるのです。その赤ちゃんは、自分だと言います。絵を描いてストーリーを作っています」

「Hは家族以外の人間とは話しませんが、動物や木や石に話をしているんです。たとえば、木が伐採されると聞くと、木を助けに行ったこともありました。人間以外の生き物は信じられると言います。それから、家のなかにいつも白い服の人がいると言っていました。もちろん、私には見えません。今までは、いつも弱々しい線で龍の絵を描いていたのに、最近は大きな画用紙に、動きがあって迫力のある身体をうねらせた龍の絵を、紙いっぱいに力強く描くようになりました」

Hちゃんは、自分のこころが守られない日常の世界のなかで、空想の世界を作り出し、龍の家族のなかで守られて生きていたのでしょう。Hちゃんの抑えつけていた人間への怒りが、龍の怒りとなって、（怒りの体験をする）エネルギーに変化していくのだろうと思われました。

Iさんも母親の苦労を背負って生きてきた

「私は小さいときから遊ばずに、母を助けるために自分ができる限りの仕事（家事や畑仕事）をやってきました。苦労している母親の後ろ姿を見て育って、我慢するという方法しか学ばなかった。私の子どもが私を見てきたように、私も母親を見てきて、母親を不幸にしている人に対して、恨みながら絶対にこころを開かなかった。我慢している母を偉いと思い、苦労している母をかわいそうと思ってきた。我慢さえしていれば、よい方向に行くんだって、自分に言い聞かせてきました。でも実際には全然そんな方向には行かなかった。私は母とまったく同じことをしてきたのです」

Iさんは生まれてからずっと母親の荷物を背負って、母親を守っていたのでしょう。母親の苦労を子どもに見せることは、子どもの小さなこころに荷物を背負わせることになります。Hちゃんも、生まれる前からIさんのこころの荷物を背負って生きてきました。こころの領域では、母が娘に守られるという、大人と子どもの役割が逆転していることがわかります。

初回面接から、二年が過ぎた頃、Hちゃんの日常生活に変化が目立ってきました。

「Hは、すごく変わりました。前は集中して本を読むことはできなかったのですが、本を何冊も読むようになり、友達とも遊ぶようになりました。それから、あれほど毎日のように描いていた龍の絵をまったく描かなくなりました。今は現実にある物を描いています」

Hちゃんの解離性障害は、守りのない世界で自分を防衛するための症状だったともいえるでしょう。空想世界の中で龍たちと遊んでいたHちゃんが、現実の日常世界のなかで遊ぶようになったのです。

「セラピーを受け始めた頃は、すべての感覚がないほど、私の精神状態は限界に達していました。舅、姑、もしかしたら夫も殺していたと思います。自分が憎んでいる舅、姑、夫に対して、子どもたちにも憎んでほしい、という呪《のろ》いをかけていました。誰のことも信じられなかったし、子どもがすべてだったからです」

Iさんには、未解決な問題（こころの世界で、一体化している母親を切断すること）が残っています。けれども、こころの援助者を得たIさんは、母親と一体化された状態から、徐々に解放されるようになりました。同時にHちゃんは、Iさんから分離することができるようになりました。Ｉさん自身の症状も消失してきました。また、舅、姑、夫に向けた殺意は、こころの作業のなかで解決され、現実に実行に移すことはないでしょう。

こうして、Ｉさんは痛みや苦しみを通して、自分のこころの作業に必死に取り組むうちに、Ｈちゃんの当初の症状はすっかり消失し、自然に登校することもできるようになりました。

Ｈちゃんの問題は解決されましたが、Ｉさん自身が本来もっている能力が発揮され、生き生きと生きられるように、〝母親切断〟（日常の母親ではなく、こころのなかに内在化された母親切断）という問題の解決に向けて、三年半経った現在も真剣にこころの作業に取り組んでいます。

■不幸のカプセルのなかで三代続いた一体化

人は生まれたときから、苦労をしている母親を見ながら育つとどうなるでしょうか。母親のＩさんは、不幸を絵に描いたような母親をいつも助けなければならない、と思いながら生きてきました。子どもとして自由に遊んではいけない、楽しんではいけない、と自分に縛りをかけていたのです。

なぜ、遊んではいけないのか、楽しんではいけないのか、それは自分だけ幸せでは母親がかわいそうと感じるからです。母親がいつも不幸そうにしていると、その周囲にいる大人はみな悪人に見えてしまいます。母親がかわいそうなのは、この人たちのせいだ、と思い、自分にとってはいい人であっても、その人たちを憎んでしまいます。これは、子どものこころにとって、とても不幸な環境です。子どもは母親と一体化すると、母親のレンズを通して世界を見ることになります。

不幸な母というカプセルのなかに引きずりこまれていたIさんは、結婚後もそのカプセルのなかから世界を見ていました。それは、はじめから不幸のルートをナビゲーションする機能が働いてしまうようなものです。いつも自分はかわいそうな状態でいなければ、苦労をしている母親を裏切ることになるという心性が働くため、ある意味、婚家の夫、舅、姑からのいじめも引き寄せたのかもしれません。

もちろん、Iさんはまったく悪くはないのです。母親と繋がっていたために、不幸の鎖も繋がっていました。非情な婚家の仕打ちも、不幸な母に対しては、後ろめたさがないことになるでしょう。実際、Iさんが母親のもとに逃げたいと思っても、母親から「我慢しなさい」と言われたといいます。苦労している状態が、唯一母親の不幸のカプセルのなかで一体化している証《あかし》でした。

そして、母親を背負っているような状態のIさんは、次の世代のHちゃんに覆いかぶさることになりました。Hちゃんは、Iさんのお腹のなかにいるときから、生死がかかった恐怖を体験していました。

感情を切り離して、憎むべき家族と暮らしてきたIさんの苦しみを感じながら、かろうじてこの世に生まれてきたのです。Hちゃんは赤ちゃんのときから、Iさんの気持ちをわかっていたといえます。Hちゃんが幼い頃から、空想の世界の中で龍の家族と暮らしていたというのは自然なことだといえるでしょう。B子ちゃんの事例でも述べたように、現実があまりにも辛い場合、子どもは解離の機制を使って、別の世界を作り、精神の破綻《はたん》を防ぐことがあるのです。Iさんがセラピーのなかで、母親の不幸というカプセルから脱出し、自分自身の切り離してきた傷や感情を引き戻してから、今度はHちゃんが空想の世界から抜け出し、日常のなかで生きることができるようになりました。三代続いた重なりからの解放を意味するものでしょう。

Hちゃんの上に母親が乗り、その上に祖母が乗っていた構図からもわかるとおり、Hちゃんのさまざまな身体症状で無意識が訴えていたことは、Hちゃんの代で、その重みに耐えられず、限界に達していたことの表れだったと理解できます。Hちゃんは自分自身が症状に苦しみながら、母親のIさんのこころの回復と、自分のこころの回復に回路を開いたともいえるのではないでしょうか。

その後のＩさんは、内的な母親への怒りを体験し、切断作業を進めました。すると、不思議なことに、婚家の家族との関係がよくなってきたのです。すでに憎しみの感情も消失し、さまざまなこころの能力（感性など）が上がってきています。

ケース 8
身体症状に苦しむ母親を背負っていた男の子

身体症状を訴えるお母さん

ある年の六月、中学一年生の不登校の男の子（J君）のお母さんが、私（セラピスト）のもとを訪れました。J君は七人家族の五人きょうだいの末っ子として生まれました。

初対面のお母さんは、だぶだぶのスエットスーツを着ており、寝て起きたままの状態で現れたという印象でした。丸い顔をリンゴのように真っ赤にさせて、丸い身体を投げ出すようにして、面接室に入ってきました。そして、挨拶《あいさつ》もせずに席に着くなり、大きなため息をつきました。

「はぁ、身体《からだ》の調子が今いち……。座骨神経痛と冷えと、肩もパンパンなの。なんか、自分が情けなくなってくる。まだ四十八歳なのに、六十歳になったらどうなるのかと思って。ふうぅ……」

とても初対面での最初の話とは思えない内容を話すお母さんは、子どものことよりも、自分の身体の具合のほうが気になるようです。

「Jは小学生の頃から不登校気味で、中学には最初から行っていないんですよ。他人とはひと言もしゃべらない。制服を着せて、わざわざ学校まで車に乗せて行っているんですよ。担任が窓越しに声をかけてくれるのに、Jは車に乗ったまま声も出さないんです。『あなたの苦しいのはわかるけど、お母さんだって自分の身体のことで精《せい》いっぱいなんだから』って、Jにはいつも言っているんですよ」と、落ち着きのない様子で話します。お母さんと同じ空間にいるだけで、J君の深い苦悩と疲労が伝わってくるようでした。

お母さんのこころのなかの子どもを愛する

「私はね、（Jは）学校はもういいから、家族以外の人と話ができるようにならないかな、と思っているんですよ。家には親のいない子猫がいるの。メスが三十匹以上いて、手術したのもいるんですけどね、どんどん生まれちゃって。夜中、ちょこちょこ起こされたりして、Jも寝不足じゃないかな。猫はその辺にオシッコしちゃったりするから、『臭《くさ》いよ。臭いよ』って言うんですよ。

『自分の気持ちを聞かせて』とJに言っても、何の答えも返ってこないんですよ。Jはちゃんと自分でご飯を作って、自分で食べています。でも、全然身体が成長しないですね。おまけに細いし。私、ついJにお金を借りちゃうんですよ。この間も二万円借りたりして……」と言うと、お母さんは大きなあくびをして眠そうに目をこすっています。

「猫がお父さんの布団に便をしちゃったから、今日二時に起きたの。それで洗濯機をかけたりして。まあ、飼っている以上は仕方ないんですけどね」

「何かというと、Jはすごく家族に遠慮しているんですよね。思いやりや、気配りがすごくあるんですよ。『食い意地とかないと、何かあったら大変だぞ』って言うんですけどね。私は冷えからきているこれ（身体症状）を治すしかないな。立っているのも辛《つら》いから。自分のことで精いっぱいなんですね。一年くらい生理がないんですよ。これじゃ孫の面倒見られないんじゃないかな。自分が身動きできないから寝てばっかりいるの。体重減らさないとね。太っているのは、ストレスからもきていると言われるんですよ」

　私は、「お母さんのこころが癒《いや》されないとJ君は癒されないでしょう」と話しました。すると、お母さんは子どものような表情になり、「次の予約入れてください。私今度いつ来ていいんですか。私、よくなりたいんです。テニスもしてみたいし。タンクトップだって着てみたい」と、生き生きした表情になり、私に笑顔を向けました。

　身体の冷えを訴えるお母さんが、「タンクトップを着てみたい」と語ったことからも、心理療法によって、身体が温まるようになることを無意識にイメージしているのでしょう。J君の母親としてではなく、母親のこころのなかの女の子を愛せるかもしれないと思われました。

お母さんがJ君の重荷に

次の回の面接では、前回と違い、カーディガンとスカート姿という女性らしい服装で現れました。

「『このままじゃ、（身体症状があるので）Jの世話になるかもしれない』とJに言うと、『あんまり俺を頼らないでくれ。そういうことを言うから、俺の重荷になるんだよ』と言われたんですよ。Jはお腹が空いても、（食事を）いっぱい食べようという気がまったくないの。『お前ね、なんかあったら自分が先に死んじゃうよ。他の人のこと考えなくていいよ』と言うと、控えめに控えめにという感じで食べるんですけど。小遣いをあげても使わないし、『何が趣味？』って聞くと、『お金を貯《た》めること』って。成長が止まることってないんですか。なんか、すごく心配なんですよ。『どこかに行こう』と言うと、

『俺、着る物がないんだ』って言うの」

お母さんのお話を聞いているうちに、J君が不登校になり、家族以外の人と話せないことは自然なことだと思えました。不登校という形で、J君はかろうじて自分を防衛して生きているのでしょう。

その次の回には、数分遅れて来ました。駐車場に車を止めて寝ていたと言います。「ごめんなさい。眠っちゃったんですよ」「Jは人が怖いのかな。逃げないで、電話でもなんでも出てちょうだいと私は言うんですよ」

私は、「子どもを変えようと思っても変わらない。お母さんご自身が変わっていかなければ、子どものこころを守り、支えることはできないでしょう」と伝えました。

率先《そっせん》して家事をするJ君

さらに次の面接では、待合室で待っていたお母さんは数分遅れて、駄々《だだ》っ子《こ》のようにふて腐れた表情でノックをして入って来ました。時間が来たら、待合室に迎えに来てほしい様子でしたが、そのとき私は、「時間ちょうどに、面接室のドアをノックしてください」とあえて冷たく言いました。面接構造を守ることは、お母さんにとって大事なことだからです。お母さんは目を丸くして、話しました。

「先週、『お母さん自身が変わらないといけない』と言われたじゃないですか。いくら考えても、どうしていいかわからないんですよ。最近、独りになりたいんですよね。家族と離れたいというか。最近、いろんな事件が起きていますよね。あれって何だろうと思うんですよ。子どもはそれぞれその子が生まれたときからもっているものもあるじゃないですか。

Jは問いかけても答えてくれないし。ときには、やっぱり私たちの子どもなのかしらって思っちゃうし。私、座骨神経痛だから、朝と夜が逆になっているから、子どもに『また、寝ている』って言われるんだけど。私は病院の医者に、『悩みとかあるので、(病気は)そこからきていませんか?』って聞いたんですよ。そうしたら『面白い考えですね。関係ありませんよ』と言われたんです。『昼寝を三十分くらいにしなさい』と言われて。朝早く猫に起こされるんですよ。

Jをちゃんと台所に立たせています。料理もお風呂掃除も自分から率先してやっていますよ。猫の世話や犬の散歩にも行きます。でもJは、『動物になりたいな。猫はいいよな』って言うんですよ」

と、お母さんはさりげなくJ君の状況を話しました。

子どもたちには子ども自身の悩みや、仕事（遊びや勉強）がたくさんあります。とても母親の悩みまで抱えられません。

J君は、身体症状に苦しむ母親に代わって、家事や動物の世話までやっています。大人にとっては大変都合のよいことですが、大人の仕事を子どもが背負っていては、子どものこころは健康に機能していくことが困難になります。

もしも現代の日本が戦争のような非常事態であったり、貧困の時代であれば、子どもも大人の仕事を手伝うのが当たり前ですから、同じような状況であっても子どものこころは病気にならないでしょう。けれども、豊かで平和な社会では、子どもには子どもの仕事があるのです。

J君は「率先して家事をやる」とお母さんは言いますが、社会で大人と同じ仕事を行えば、立派な労働になります。先進国が子どもの労働を厳しく制限している理由のひとつには、子どものこころに与える影響が大きいと考えられているからではないでしょうか。

ロボットであれば、大人の仕事を担っていてもこころに負担がかかるようなことはありません。しかし、子どもは人間であってロボットではないのです。命令されなくても〝率先して家事をやる〟ということは、母親の〝大変さ〟が押しやられているからです。子どもが大人にこころを守られず、逆に大人に支配されてしまったら、子どものこころのなかの〝子ども〟が動けなくなってしまいます。そうなると、子どものこころは病んでしまいます。すべては大人のこころのなかの問題なのです。

目の前の子どもの状態は、大人のこころのなかの子どもの鏡といえるでしょう。大人のこころが病んでいては、J君のように、こころの世界の子どもが自由に生きることはできなくなってしまいます。

J君を否定しながらも依存しているお母さん

お母さんは毎回のように自分の身体症状を訴えます。

「ひどい偏頭痛《へんずつう》がして、冷えで身体が痛くて動かないのに、人から『専業主婦だから、いいわね』とか、『また、あっちこっち痛いの?』と言われて、ある人は『座骨神経痛なんかじゃ死なないよ』って馬鹿にしたように言うんです。私が寝ていると、Jは『また、俺のせいか……』って、よく言っています。あのね、先生、足の太もものここのところがすごく痛いの。手の指も痛い」と言いますが、終了時間になると、「はい、どうも」と、投げ捨てるように言い、乱暴に立ち上がって退出します。お母さんの症状は、恐らく「身体表現性障害（身体化障害）」でしょう。こころからくる身体症状は、薬だけで治すのは難しいのです。

自分の身体症状ばかり訴えていたお母さんが、セッション（面接）を重ねるうちに、自分の子どもの頃の話をするようになりました。

「私は村で育ちました。うちは貧しくて、車もなかったし、バスに乗るお金もなかったから、三時間くらいかけて中学校まで歩いて登校していたんです。〝やっと学校に着いた〟と思ったら、『あ、インディアンが来た』と言われていじめられました。そう呼ばれるのがすごく嫌だった。でも、苦労している親に心配をかけたくないから、一人で悩んで、布団のなかに閉じこもって、学校に行けなくなったことがありました。それから、小学校の校外学習で、『歯を磨いてこなかった人』っていう先生の質問に、私は『はーい』って、元気に手を挙げたことがあるんです。それ以来、皆から『汚い』って馬鹿にされるようになったんです」

と、お母さんは自分の手の指の爪をさわりながら話します。

「私は、友達にも恵まれていない。中学校から付き合っていた友達に、お金を騙《だま》し取られた。Jは家のなかに閉じこもっていて顔色も冴《さ》えないから、私は、『日光に当たってきなさい』って怒るんです。そうですね、先生が言うとおり、私はJを動かしたいんです。Jが不登校だって姑《しゅうとめ》に知られたら、何を言われるかわからないから。子育て失敗だの何だのと言われたくないし。前に『私、Jを産むんじゃなかった』って夫に言ったら『そんなこと言うんじゃない。誇りをもて』って言われたんだけど。Jは身長もストップしていて、知能も途中で止まっていて、こころの発達も止まっちゃってる。でも昔、泥棒に入られたことがあったけど、今はいつもJが家にいるから安心なんですよ」

お母さんは、子どもの頃にいじめに遭《あ》い、J君と同じ不登校でした。J君を「産むんじゃなかった」と言いながら、泥棒に入られてからはJ君が自宅にいることで「安心」と言っているということは、J君に対して否定しながらも依存しているのがわかります。J君の身長や知能やこころの発達を止めているのは、大人から守られなかったお母さん自身のこころなのでしょう。

家族以外と話せるようになったJ君

「Jに子猫のミルクを作ってもらっているんです。最近、Jを不登校のことで責めると、先生（セラピスト）の声が聞こえてくるんです。頭じゃわかっているのに、我慢できない。昔は、学校には絶対に行かなきゃいけなかったでしょう？　Jを不登校で責めるたびに、先生の言葉が浮かぶんです……。でもね、Jが少し変わってきているようなんですよ。学校の担任の先生が、『(J君が自分に）話をしてくれるようになって、変わってきていますよ』と言うんです。でもね、私が変わることが大切だと先生（セラピスト）に言われたから、まだまだこれからですね」と言って笑顔を向けました。

「Jはこの前、学校の試験も受けたんですよ。『きれいな文字でこんなにできるなんて』と先生に褒《ほ》められたんです。自分から試験を受けるなんてビックリしましたね」と話したとたん、「なんか、眠くなっちゃった」と言い、子どものように口を大きく開けてあくびをしました。

「なんか、先生の顔を見たら、安心しちゃったのかな」と、赤ん坊のような無邪気な表情を浮かべました。「私は子猫に起こされて、朝起きるのも最近は楽になったんですよ。前はね、生きているのも辛かったのに……。ありがとうございました。来週もよろしくお願いします」

お母さんは、子どものように無邪気な表情を見せながら、普通の挨拶を自然にするようになりました。

母親への恨みで身体が冷たくなっていたお母さん

初回の面接から五カ月が経《た》ちました。寒くなり始めた十一月中旬に、お母さんは次のように語りました。

「（季節とは反対に）暖かくなりましたよね。やっぱり身体が温まっている感じですね。実は私ね、姉とは絶縁状態なんです。昔、姉にお金を貸したんですよ。こちらが貸したのに、向こうが逆に『貸した』と言いがかりをつけてきたから、裁判を起こしたんです。裁判の決着に何年もかかって、結局はたいした金額も返ってこなくて。母親とも縁を切ったんです。母親は姉の側について、私ばかり損をして……」と話すと、大きな声で泣きだしました。

お母さんの身体症状は、恨みと憎しみで身体が冷たく固まる病気といえるでしょう。さらに知能のほうも冷え切って、思考が凍りついているような印象でした。現実の世界では母親と切れていても、こころの深い部分では、母親から分離できていなかったのです。

セラピーでは、意識のレベルではなく、こころの深い部分で母親から分離することを目指します。分離しなければ、こころの深い部分にたまった母親への恨みや憎しみによって、自分が縛られてしまうからです。

母親がいない子猫を異常なほどたくさん飼っていたのは、母親に守られずに大人になったお母さんが、子猫と同一化して、母親への愚痴や恨みつらみを猫の排出物と一緒に排出させていたからではないでしょうか。愚痴の排出の象徴としての猫の尿や便は、異様に臭いのだと思います。同時に、お母さんが子ども（猫）になって、J君に世話をさせることで、生き直しをしようとしていたのかもしれません。

セラピスト（筆者）は、お母さんのこころのなかの子どもを元気にすることができれば、J君に猫の排出物の世話をさせる必要がなくなると考えました。

温かくなったお母さんの身体

寒さも本格的になった十二月の面接のとき、お母さんは次のように語りました。

「最近は本当に暖かくなりましたね。身体がポカポカするんですよ。子どもの頃、親は何もしてくれなかった。でも、貧しくて苦労しているのを見ていたから、心配かけないように何でも我慢していた。私は小さいときから、洗濯だって何だってやりましたよ。ほかの姉弟よりも多く草取りをしたし、田んぼだって手伝った。

病院でも旅行でも何でも（父方の）叔母が連れて行ってくれた。学校の保護者会にも母ではなくて叔母が来てくれたんです。叔母とキノコ採りに行ったり、叔母からお小遣いをもらったりと、叔母はいつも私を可愛がってくれましたね。叔母のことをずっと母親だと思っていたんですよ。でも、叔母は母親の小姑《こじゅうと》だから、母親がいじめられている話を聞くと母親がかわいそうで、叔母に怒りを感じました。母親に苦労をかけちゃかわいそうだから、『何か買って』とは言えなかった。私は子どもの頃、毎年誕生日やクリスマスになると、納屋に閉じこもって、『ケーキを食べたい』と泣き叫んでいたのを覚えている。今の子どもたちって本当に幸せだなって思う。猫を見ていて、『私も動物になれたらなぁ』と思っていました」

母親から寂しい思いをさせられたり、我慢させられていたのですから、本来母親に怒りを向けるべきですが、お母さんは母親と一体化し、可愛がってくれた叔母に怒りを向けていたのです。本来向けるべき相手に向けずに未解決なまま大人になると、その怒りは嫉妬《しっと》攻撃《こうげき》という形で、自分の子どもへ向けられてしまいます。

無事、高校生になったJ君

「Jが勉強をするようになったんですよ。『夢も希望もない』と言っていたJが、『高校に行きたい。俺はまだ死にたくないよ』と言い出しました。私は親や姉と縁を切ったから、寂しくてたまに夜中に独りで泣くことがあります。私、性格を変えたい。あぁ、眠い。何でなんだろう。ここに来ると眠い。先生に会うと安心感があるのかしら」

と、赤ん坊のような表情としぐさをするお母さんは、その後の面接を通して、徐々に変化していきました。初回の面接から二年ほど経った頃には、別人に見えました。

「こころのなかが真っ白って感じです。安心できるっていうか、すごく和《なご》むというか、今まで生きてきて初めて、こういう感じになりました。何だろう。すごくホッとしている。私自身のこころのなかがものすごく温かくて。ホッとして言葉にならない」と、神妙な表情で静かに語りました。

この頃には、お母さんを悩ませていた座骨神経痛をはじめとする身体症状はすっかりよくなっていました。その後、J君は勉強を頑張り、無事、高校生になりました。

■憎しみと怒りの違い

こころと身体は密接にかかわり合っています。事例を読まれて、J君のお母さんが身体の不調を訴える様子に〝私のお母さんもこのお母さんと同じ〟〝親戚に似たような人がいる〟〝近所にそっくりな人がいる〟と思われた方が少なからずいるのではないでしょうか。程度の違いこそあれ、似たような状態に苦しまれている方がいるのではないかと思います。

J君のお母さんの身体の具合の悪さは、こころの問題からきていると考えられますが、本当の病気であり、たとえば、意図的に病気を作り出し、周囲から同情や注目を集める虚偽性障害とは異なります。常に身体は冷えていて、身体のあちこちが痛く、身体全体もだるく、寝てばかりいますが、いくら医療で治療を受けても、すっかりよくなることはないため、常に具合の悪さを訴えて、不平不満を言い続ける人生を送ることになってしまいます。母親のその姿を見ながら、不満を聞かされている子どもは、目から耳から毒物を入れられているような状態になってしまうのです。

J君のお母さんのように、親族の争いによる恨みつらみで身体が固まっている方や、幼いときからの母親との関係の悪さから憎しみを抱いている方がいます。〝恨みや憎しみ〟と〝怒り〟は、一見言葉のイメージが似ているように見えますが、恨み、憎しみは、本質的には相手を求めている心性であり、心理療法のなかで内的に母親に怒りを向けることとは、まったく違います。

J君のお母さんは、恨みながらも、わかってほしくて求めていたのでしょう。たとえば、ストーカー行為などは、相手に自分の思いを受けとめてほしくて、異常な求め方をして追いかけ回しますが、振り向いてくれないとなると、一転して恨みに変わり、嫌がらせや脅迫をしたりします。これは相手と繫《つな》がりたくてとる行為ですが、こころの作業として、子どもが母親に怒りを向けるのは、分離、切断、つまり繫がりを切ることですので、正反対といってもいいでしょう。

誤解がないように説明しておきますと、日常で縁を切るのとは違うのです。こころのなかに内在化している母親を切る、つまり自分を傷つけている対象に怒りを向けて、守ってくれる内なる母、もしくは内なる父が誕生するための作業ですから、現実の母親との繋がりを切るという、行動化はしないで済むのです。

まれに、虐待を受けていた方が、日常でも支配されている場合、現実に関係を切るということがありますが、多くの場合は、現実の母との関係を切ることはありません。J君のお母さんの場合は、それとは正反対に、現実に縁を切って行動化してしまい、内側では恨みを抱き、繋がろうと追い求めていたために、寂しさと不満が固まり、身体の具合の悪さに表れていたのだと思われます。心理療法を受けたJ君のお母さんは、セラピストに守られながら、内的な作業によって怒りを感じたことで、身体が温まり、具合の悪さから解放されたのでしょう。

ケース9 ずっと両親に我慢して反抗期のなかった女性

息子が中学のとき急に問題行動を起こす

ある年の一月、子どもの問題行動を主訴とした四十歳代の女性（Kさん）から面接《めんせつ》依頼《らい》を受けました。

初対面のKさんは、凛《りん》としていて非常に美しい方ですが、全身から冷たさが感じられ、カチカチの鎧《よろい》を着ているという印象です。こころに怒りを抱えているようですが、やり場のない怒りのようです。

Kさんの家族は、四十歳代の夫と、大学一年生の男の子（L君）と、中学三年生の女の子（M子ちゃん）の四人家族です。

L君は中学一年の終わり頃から「脳が痛い」と言い始め、成績が落ちてきました。中学二年の終わり頃から、非行少年とつきあい始め、Kさんのキャッシュカードで無断で引き出したお金を浪費し、万引きもするようになり、不登校になりました。

Kさんは次のように語りました。Kさんの語りは静かで知的な印象を与えます。

「今から五年前、息子が急に変わってしまい、不良の子どもとつきあうようになって、不登校になりました。中学一年生のときは、周囲の人から『すごくいい子』と言われて、中学二年生では、学校の先生から『どうしたらこんなにいい子になるんですか』と聞かれたほどでした。そんな、人も羨《うらや》むほどのいい子だった息子が急におかしくなってしまったので、私はすぐに開業カウンセラーのところにカウンセリングを受けに行きました。最初に六回分のチケットを購入させられましたが、三回でやめてしまいました。その人（男性カウンセラー）から『お母さんは、ただいい学校に入れたいんですか。いい学校に入れることだけがすべてじゃないでしょう』と説教されて、〝ああ、これは駄目だな〟と思って行くのをやめました。息子は『僕に対する期待が大きすぎて苦しかった』と訴えています」

と、苦しそうに語りました。さらに、「（L君が）高校生のとき、友達にいじめられていました。どうしたらいいのか悩んで、拝み屋さんを頼みました」と語りました。セラピストは知的な印象のKさんが、「拝み屋さん」に頼ったということに驚き、違和感を覚えましたが、それほど藁《わら》にもすがりたい心境だったのでしょう。

Kさんは、「どういうふうにしてあげたらいいのかまったくわからない。息子はとりあえず行きたくもない大学に入りましたけど、もう留年決定です」と述べ、夫はアルコール依存症気味であり、娘（M子ちゃん）には喘息《ぜんそく》があるけれども、大切に育てたので心配はないと語りました。

ずっと親に我慢してきたKさん

Kさんは、自分自身の子ども時代についても話し始めました。「私自身、反抗期というものを知らないまま大人になりました。ずっと親に遠慮して我慢してきました。高校も能力的にはもっと高いところに行けたのに、交通費がかからないという理由で近所の学校に行かされました。大学進学も断念させられました。それでも『金食い虫』と言われました。父は『子どもにお金をかけても仕方がない』と言っていました。高校生のときに、『お金がない。お金がない』と、いつも母親から愚痴を聞かされていたから、うちは経済的に大変なんだと思っていたのに、私が高校を卒業したとたんに立派な家を建てたのです。すごくショックでした。だから、私は自分の子どもが生まれたとき、〝絶対に大学へは行かせてあげる〟と思いました」と言うと、Kさんは涙ぐみました。

「親に対する復讐ではないんですけど、〝ちゃんと毎日遅刻しないように〟とか、〝ちゃんと毎日ご飯を食べるように〃とか、人間として大切なことを子どもに伝えてきたつもりです。でも、たとえば子どもが転んだときに、『痛かった？』とは言えなかった。『自分で起きなさい』と突き放していた。『大丈夫？』と言えるような関係が作れなかった」

反抗期を知らないというKさんでしたが、面接を受ける前に、初めて自分の気持ちを両親にぶつけたと言います。

「〝私さえ我慢すれば、それでいい〟という気持ちにさせられていたことを父に言ったんですよね。そうしたら、父親から『お前は人の気持ちも考えずにズバッと言う』と言われました。『親を責めている』とか、『子どもが親に意見を言うもんじゃない。親をもっとチヤホヤ大事にするもんだ』とも言われました。母親は〝いかに身を粉《こ》にして子どもを育てたか〟という苦労話をよくします。私の母親はいつも働いていたので、私には母親をかばいたい思いがありました。自由に遊ぶこともしないで、家事の手伝いをして、私は母親を守って生きてきたのです。そんな母親から、『(父親が胃の検査をしたことで)お前がきついことを言って説教するから、お父さんの胃がこんなになった』と責められました。他の人が親とどんな関係なのか聞けなかったから、普通の親子関係がよくわからなかった。多分、息子も私と一緒なんだと思う」と述べました。

自分自身のこころに大人との問題を抱えており、初回面接から自分でそれに気づき、そのことを認めることができるKさんは、聡明な女性であることが伝わってきます。

Kさんが見た印象深い夢

初回面接から二カ月を過ぎた頃、Kさんは夜中にうなされて泣いたり、発熱したりしました。Kさんは、現在の自分の状態がどういう意味をもつのかということを分析して、こう語りました。「面接のなかで怒りや憎しみなどの感情に触れたからでしょうか」。Kさんは、大変能力の高い女性だということがわかります。「親に対する気持ちが崩れてきました。私は自分の親と同じことを子どもにしてきた。Lを真から愛せない。一見可愛がってはいても突き放していた」とKさんは言いました。

Kさんは両親との関係のなかで〝体験できなかった感情〟を生き直す作業を、次々としていきました。「わかってくれる人がいる強みが今はあります。陰の部分が受け入れられて認められてから、何となく力が出てきました」

セラピーではセラピストに支えられ、守られるという体験を通して、こころの作業をしていき、能力を発揮していきます。大人である母親自身の〝こころのなかの子ども〟が守られ、支えられなければ、目の前にいる自分の子どもを守り、(能力を発揮することを)支えるのが難しいのです。

やがてKさんは、印象深い夢を見た、と報告してくれました。

「村祭りのあと、暗い道を歩いて行くと橋がかかっていました。後ろからおばあさんがついて来ました。おばあさんが橋の上で『空を見ろ』と言います。空から光が落ちてきました。まぶしさに目がくらみ、気がつくと水のなかに落ちていました。水は豊かで温《あたた》かく、本当の気持ちよさを味わいました」

これは、心理的に新しく生まれ変わるときの典型的な夢だと思われます。この夢で体験した温かさ、豊かさをKさんは繰り返し強調しました。今まで生きられなかった、こころのある部分が自由を取り戻し、生き始めるときの夢でしょう。治療の中核となる夢ですが、一度このような夢を見たことで、こころが完全に回復するということではなく、治療が山場を迎えるたびに繰り返し出てくるといわれています。

今度はM子ちゃんが問題行動を起こす

Kさんのこの夢の報告以降、L君は急速に落ち着いてきました。けれども、その後、今まで何の問題もなかったM子ちゃんの様子が変わり、万引きをしてしまったのです。この出来事の半年前、Kさんは、次のような夢を見ていました。「M子がくしゃくしゃの紙切れみたいになって死んでいます。紙の人形、粗末な人形となってベッドの上で死んでいるのです」。この夢についてKさんは、M子ちゃんがKさんの人形にすぎなかったこと、一見すると問題のない子どものように見えるけれど、それは紙のような生気のない人形だったこと、Kさんの人形にすぎなかったM子ちゃんは死ななければならなかった、ということを連想しました。

L君は大学を中退することを決めます。そしてアルバイトを始めました。M子ちゃんは無断外泊を続けるようになりました。M子ちゃんの様子にKさんはこころを痛めますが、「M子が泣いているのを見たことがない」とも述べました。私は〈生きている実感と、安心できる世界がなければ、泣くことさえもできないのではないでしょうか〉と伝えました。

「M子をお人形さんみたいに育てて、この子は本当に安心と思っていた。確かに私の安心のためだったかもしれない。それが今、万引きをしたり、私が嫌がること、たとえば、恋人ができたりとか、勉強しなかったりとか、私の安心感を崩すようなことをしている。きっと以前の私だったら、うつ病になるか、身体を壊して寝込むという状態になり、それで子どもを引き止めるしかなかったと思う。前までの私だったら、もう本当に立ち直れなかったと思う」

こうしてKさんは、自分自身の問題に向き合っていきました。

自分のこころと向き合い続ける

子どものこころを守ることができなかったKさんは、自分の問題に真剣に取り組んでいます。自分が子どものときに抱えてしまった大人（親）への怒りを、（本来向けるべき対象に向けずに）自分の子どもに向けてしまうことを防ぐためにはどうしたらよいのでしょうか。

自分のこころのなかに抱えた〝大人との問題〟は、心理作業を通して解決しなければなりません。つまり、自由な子どものこころを〝生き直さなければならない〟のです。これは目の前にいる自分の子どもを守り、支えるための必要不可欠な作業であるといえるでしょう。

セラピーを重ねるたびに、そのようなKさんのこころの作業は深まっていきました。自分のこころと向き合うことは辛《つら》い作業です。けれども、Kさんは逃げずに向き合い続けました。

「子どもの頃からずっと、（母親から）愚痴ばかり聞かされてきたので、〝お母さんが大変だから助けなきゃ〟と思い、自分のことは二の次になっていました。周囲の大人からも、『お母さんの支えになってあげなさい』と言われ、いい娘であることを求められてきました。（親から）暴力は振るわれてはいないけど、しつけでよく頭やお尻を叩《たた》かれました。小学二年生の作文に『うちのお母さんはいつも怒っています。鬼みたいです』と書いたことがあります。そういえば、私もずいぶん（息子の）Lを叩いてきました。自分がずっとそうされてきたから、それが当たり前だと思っていました」とKさんは語り、泣きだしました。

母親が、家族のなかで自分が大変な苦労を背負い込んだ〝被害者〟だと装い、子どもに自分の愚痴を聞かせて同情をかう「悲劇のヒロイン症候群」（筆者による命名）のようになってしまうことがあります。その場合、子どもに同情をさせながら、実は子どもを支配していることも珍しくありません。

しかし、大人は自分がどのような苦労をしたとしても、子どものこころを守らなければなりません。子どもに同情させ、親のこころを守らせるのは、本末転倒ではないでしょうか。

また、実際に親に叩かれているにもかかわらず、「（親から）暴力は振るわれていない。しつけだ」と子どもに思わせるのは、大人たちが自分たちの行為を正当化するための理屈を、無理に子どもに押し付けていることになります。

「言葉で言っても言うことを聞かない子どもは、動物と同じだから叩いてしつける」と言う大人がまれにいるようですが、動物を叩くことも暴力ではないでしょうか。このようなことを言う大人のこころのなかには、自分が子どものときに大人に叩かれて傷つけられた〝子ども〟が、傷を回復することなく存在し、放置されていることを証明しているのだと思います。

子どものときにできなかったことを取り戻す

初回面接から二年半が経《た》った頃、Ｋさんはこう語りました。

「私は親を安心させよう、ということしか考えていませんでした。結婚相手も、(お見合いをして) 親の言うとおりに従った。娘にはそういう思いをさせない、と思いながら、母親と同じように、私も(娘の) Ｍ子を自分の安心のための材料にしてしまったんですね。子どもに私のこころの傷を埋めてほしいと、どこかで思っていたのです。本当は、(私は) 子どもを産むのにもためらいがありました。私はＬに嫉妬を向けていたのだと思います。子どもを自由にさせることは許せなかった。立派な人間に育てるためだと正当化し、甘えさせなかった」

痛みを伴う生き直しの作業に取り組むうちに、Ｋさんの〝こころのなかの子ども〟が動き始めたようです。そうすると、意識領域にも変化が現れてきました。カチカチに固まっているような印象だったＫさんが、全体に柔らかな印象になり、少女のような感受性をもち始め、魅力的な女性になりました。不思議なことに、身体が軽くなり、体形も変わり、体力もつき、スポーツをしても疲れを感じなくなったといいます。けれども、Kさんの夫は逆にアルコールへの依存が強まり、病院でそううつ病と診断されました。

「私はどんどん元気になってきました。私が変わったからでしょうか。対人関係まで変わって、毎日がとても楽しいのです。子どものとき、こんな遊びをしたら楽しかっただろうな、お父さんにこんな遊びをしてもらいたかったな、と思うことがいっぱいです。子どものときにやり残していたことを今は取り戻している感じです」と目を輝かせながら語りました。まるで、十代の女の子が青春時代を送っているようです。

子どものように無邪気に生きることは、Kさんが子どものときに体験できなかったことでした。けれどもそれは、(内的な) こころの領域の作業の途中で、(外的な) 日常的領域のことに夢中になってしまった状態であり、「行動化」といわれる現象といえるでしょう。

セラピーの転回点で見た夢

やがてKさんは、次のような夢を見たと語りました。

「前回の面接日の夜に見た夢です。海に浮かぶ船のなか、面接室のような場所に私と先生（セラピスト）と幼い子どもと三人でいました。幼い子どもの頬《ほお》から、四角い刃のついたカミソリが出ていました。先生が『その子は、まれに見る力の持ち主なのよ』と言いました。その子は、龍神の子で本当に神秘的な子でした。人間離れしていました。私だけ外に出ようとすると、大波が押し寄せてきて海に落ちてしまいました。そうしたら突然、海にロープが落ちてきて、『それにつかまって上がるんだ』という声がしました。私は助けられました」

「先生とその子を残して、私だけ背中を向けて外に出て行っちゃったんです。『それにつかまって上がるんだ』って声は、たぶんその子の声だったと思います。あぁ、私はその場所にいなきゃいけないのに、本当は、私がその子といなきゃいけないのに出て行っちゃったんです。でも、それでもその子は、私が溺《おぼ》れそうになったのを助けてくれた。実際の私も泳げません。楽しい日常に溺れていた私は、私のなかのセラピスト（超越的な子ども）に助けられたのだと思います」と、Kさんは自らの夢について連想しました。

意味のある印象的な夢は、面接を受けた日や、これから面接を受ける日に見る、といわれています。Kさんは、守られたこころの世界（無意識の世界）から飛び出してしまったのでしょう。海に落ちてしまいますが、神秘的な子どもに助けられます。セラピーの転回点では、深いこころの層から、このような神秘的な子どもが現れることがあります。

Kさんがこの夢を見てから、家族の様相が少しずつ変わり始めました。子どもたちが両親に対して、自分の言葉で気持ちを説明できるようになったのです。L君は次のように言いました。

「お母さんは正しい。お母さんが言うのはいつも正論だ。だけど、お父さんや妹にとっては正しすぎる。これではお父さんだってアルコールに頼らざるを得なくなる」

また、M子ちゃんは次のように言いました。「お母さんは私のことを他人に話して、自分が被害者になっていた。そのことで私を格下げする。お父さんもお母さんも問題があるのに、親になってしまった。本当は大人は子どもを守らなきゃいけないのに、子どもの私がずっとお父さんの愚痴を聞いて、お母さんの心配をしてきた」

このように言えるようになったL君とM子ちゃんの二人は、もう行動化をしないで済むようになったのかもしれません。この後に、Kさんは次のような夢を報告しました。

「私が手術されます。内臓を全部切られ、ザクザク身体を縫われました。大手術だと思いました。こんなにお腹を切られちゃって、痛かったと思うけど、傷が治ってきているんだろうな、と思います」と連想しました。

Kさんがこの夢を見たのは、頬からカミソリの出た龍神の子どもの夢を見てから約二年後のことです。傷や膿《うみ》があればそれを切り取り、治療しなければなりません。神秘的な子どもであり、こころのなかの超越的な子どもである〝龍神の子ども〟が、Kさんのこころのなかの傷を切開し、治療してくれたのではないでしょうか。Kさんは、その大手術に耐えたのです。

「自分は変わることができる」

その後、L君は建築の仕事に就き、M子ちゃんは看護師を目指す専門学校に通い始め、Kさんの夫はアルコールへの依存症状が軽減していきました。そして、初回面接から四年七カ月目に終結を迎えました。

「先生との面接は、苦しくて苦しくて、〝もう駄目かもしれない〟と思ったこともあったけれど、〝可能性〟という希望があるから、諦《あきら》めないで乗り越えることができました。

イメージとしては、私は真っ暗ななかを歩いていて、先生はいつも斜め後ろにいたような気がします。何歳になってもこんなに変わることができるんだっていうことを、自分自身が実際に体験することができました。本当にありがとうございました」と、Kさんは少女のような柔らかな表情で涙を浮かべながら語りました。

初回面接から終結日まで、Kさんは毎回、きれいな絵柄のついた封筒に新札を入れてセラピー料を支払いました。こころの作業に対するKさんの大切な思いを表していたのでしょう。

こころの作業としての「母親切断」の課題は残っていますが、初回面接の頃とは別人になったKさんは輝いて見えます。現在、Kさんは心理療法家を目指し、勉強やトレーニングに励み、優れた能力を発揮しています。

■子どもの問題は大人の問題

母親面接で、子どもが回復し、母親自身の問題も解決するということは、子どもの問題は家族の問題を映し出す鏡だということの証明でしょう。子どもは自らを犠牲にし、家族の問題を表出させ、母親が自分自身の問題を自覚する回路を開く重要な役割を担ってくれています。

多くの場合は、そのことに気づかずに、子どもが突然おかしくなった、と悩み、困っている悲劇の母親になってしまいます。すべては、子どもに原因があり、事例のKさんのように、つきあっている友達の影響だとか、先祖の悪霊の仕業だと思ってしまう場合もあるのです。自分の抱えている問題だ、とは気づかず、ますます、子どもを追いつめる事態に発展していくことも少なくないでしょう。Kさんに限らず、子どもの問題が主訴の母親面接をしていると、ほとんどの場合、最初に来室されたときにはそうした状態に陥っています。本書のすべての事例に同様の心理的なメカニズムがあります。

Kさんは幼少の頃から、両親に抑圧され、我慢を重ねて、ついには親に勧められるままに結婚してしまいました。その頃の日本では、こころの作業をするという機会はなかなかなかったでしょうから、仕方がないといえばそれまでですが、もしも、結婚する前にセラピーを受け、こころの問題を解決していれば、おそらくL君もM子ちゃんも、問題行動を起こすということはなかったでしょう。

なぜなら、子どもを傷つけるというのは、意識的にしているのではなく、ほとんどは無意識的なものですから、こころの問題が解決できれば、目の前の自分の子どもを傷つけることができなくなるからです。たとえ、『よい子にする方法』というようなマニュアル本に誤ったことが書かれていたとしても、無意識がストップをかけて、それを実行することはできないのです。

そう考えると、人のこころというのは、本当に想像を超えた力をもっていると改めて感じさせられます。とくに、Ｋさんは、こころを開くことができる資質をもともと持ち合わせている方でしたから、なおさらのことでしょう。そして、Ｋさんの事例を読むとわかるとおり、遅すぎるということは決してありません。何歳になってからでも、こころを回復させ、能力を発揮していくことができるということを、Ｋさんの事例が証明してくれています。

その後のＫさんは、病気治療ではなく、セラピストになるためのトレーニングとしての教育分析を受け、残されていた課題であった内的な作業としての母親切断を成し遂げました。Ｋさんの場合、外見までも変化し、数年ぶりに会った親族の人がＫさんだとわからず、別人と思われたとのエピソードが語られました。

ケース 10 母親の虐待で苦しんできた女性

幼児期から虐待を受けてきた女性

ある年の五月、実母からの身体的、心理的虐待体験をもつ四十歳代の女性・Nさんが面接に訪れました。彼女は、子どもの問題を背景に抱えて来談したのではなく、自分自身の問題に取り組むために面接に来られました。

Nさんは結婚後、虐待の記憶を封印していたのですが、実母に似た雰囲気の女性が、彼女の自宅の近所に引っ越して来たという出来事があり、その女性を見るだけで、不安が襲い、震えてきて苦しくなる、と訴えました。Nさんの虐待の記憶は三歳からありますが、社会人になってからも母親からの虐待は続きました。

Nさんの家族は、五十歳代の公務員の夫と、大学二年生の男の子と、小学六年生の男の子の四人家族です。結婚前のNさんの家族（原家族）は、会社員の父親と無職の母親と二人の弟の、五人家族でした。

初回面接に訪れたNさんは、清楚《せいそ》な服装で、礼儀正しく、真面目で奥ゆかしく、上品で知的な女性だという印象を受けます。Nさんはインテーク記録（セラピーを受ける前の面接の際に記入する記録）を、丁寧な文字で、正確に速く、びっしりと書き上げました。そこには、「心の奥底に母親への怨《うら》みがあり、いつか怒りが噴き出し、現実に母親へ仕返しをしてしまいそうで怖い」と、記入されています。Nさんは、「ずっと過去を振り返ることから目を背けてきました。自分が女の子を産むことが怖かった。同じことをしてしまうんじゃないか、とすごく不安でした」と話し、実母から受けた虐待の具体的な記憶を語り始めました。

「虐待の出来事はずっと忘れていましたが、子どもの予防接種を受けに保健所に行ったときに『虐待』の資料が偶然目に入り、身体《からだ》中が震え、すごくショックを受けました。それから、自分が虐待を受けてきた記憶が次々と思い出されてきました。私が三歳の頃、後ろから突然母に捕まえられ、畳に叩《たた》きつけられ、鼻血を大量に出して目の前が血の海になったことがありました。翌日、このときの血で血まみれになった父親のYシャツを母親が笑いながらクリーニング店に出したことなどを鮮明に思い出しました。よく母に腕を引っ張られて、腕が抜けました。高校を卒業して社会人になって、母親にお給料をあげるようになってからも虐待はなくなりませんでした。母は、二人の弟に対しては猫かわいがりしていました」

このように虐待で傷つけられた体験とは不釣《ふ》り合《つあ》いなほど、Nさんは終始冷静に淡々と語りました。

人は一般的に三歳からの記憶しかありません。もしかすると、もっと幼い頃から虐待を受けてきた可能性も考えられます。

虐待の傷に伴う痛みがないNさん

私は、Nさんからシンデレラの物語を聞かされているような気持ちになってきました。Nさんが冷静であればあるほど、いつしかグリム童話の世界に入ったような感覚になっていきました。

Nさんは、虐待の記憶を語ることはできても、虐待により傷つけられたという、真の自覚がありません。つまり、傷に伴う〝痛み〟を体験することができないのです。

Nさんのセラピーの見立てとしては、被虐待体験を通して、傷に触れ、傷に伴う痛みを生き、傷つけた対象である〝こころのなかの母親切断〟を行う作業によって、傷を回復させ、そして、不安が消失したのちに、能力を発揮させることが可能になる、と思われました。

その後の面接でも、Nさんは冷静に語り続けました。「私は長女なので、弟二人が自立するまでは、家を出ることは考えられませんでした。私は商社に勤めていましたが、父は給料が安く、私の給料がすぐに父の給料よりも高くなったため、母は私の給料を当てにしていました」

私は、グリム童話の世界にすっぽり入った感覚から抜け出せなくなり、目の前のNさんがますますシンデレラに見えてきました。

Nさんは、さらに淡々と語りました。

「子どものときは惨《みじ》めでした。お金もないし、行くところもないし。早く死ねないかな、といつも思っていました。小学生の頃は自殺したくて、安全かみそりで手首を切っていました。最近、近所に越して来た人が、母に似ていて怖い。そういう人を私が（自分の近くに）引き寄せちゃうんでしょうか。仕事をしたいけれど、職場でもそういう人に会ったら怖いので、社会復帰ができません」

私は、傷の痛みを感じ始めました。自分のこころのなかに恐ろしい悪魔のイメージが浮かび、同時にみすぼらしい洋服を着せられた弱々しい小さな子どもも浮かんできました。子どもは恐ろしい悪魔に殴られ、虐《いじ》められています。これは、Nさんが感じられない傷の痛みをセラピストが感じ、傷つきを生きるという、先行体験です。

六回目の面接では、Nさんは面接時間のほとんどを沈黙しました。面接終了五分前に口を開き、「近所の三歳くらいの女の子が『猫がいなくなっちゃった』って泣きながら歩いていました。町内に響き渡るような大きな声で、すごいパワーを感じました。思い切り泣いているのがうらやましかった」と語りました。

沈黙の続くNさん

私は、いなくなった猫を泣きながら捜した幼い頃の個人的な体験が思い起されました。当時、子どもだった私は、町内に響き渡る声で泣いていました。Nさんの〝こころのなかの子ども〟も、思い切り泣ける日がやがて来るでしょう。

その後もNさんの沈黙は続きました。私は耐えられない睡魔に襲われるようになり、Nさんが沈黙という睡眠薬を使って私を眠らせようとしているのか、と思うほどでした。睡魔と闘っているうちに、悪魔に殴られている子どものイメージが再び生まれてきました。

悪魔に柱に縛られ、「眠ったら殺す」と宣告されました。眠れないことは拷問に近く、石の上で眠る自分をイメージして生き抜こうとしていたとき、小さなペルシャ猫が子どもの足元に現れ、しなやかにジャンプして、子どもの身体を縛っている縄を咬《か》み切ってくれました。猫は身軽に木に登り、木から木へ跳び続け、悪魔をおびき寄せてくれました。子どもは石の上でぐっすり眠ることができ、私は極限の睡魔から解放されました。

意味のある夢

このようなセラピストの体験の後、Nさんは夢を報告するようになりました。「忍者屋敷みたいなところに子どもと二人でいます。子どもはそこから地元の小学校に行く。二階にいるけれど、床に穴が開いていていて、下が透けていています」。Nさんは、「どうして二階の床に、穴が開いているんだろうと不思議でした」と語りました。

Nさんが語ったこの夢は、イニシャルドリームです。イニシャルドリームとは、セラピーの過程で、意味のある夢のシリーズの最初の重要な夢です。夢のなかの世界は、秘密に満ちた忍者屋敷として感じられていますが、その部屋の下に穴が開いており、見たことのなかった世界が見えるようになりました。異なる世界である上と下の繋《つな》がりが生じてきたことは、個人的な傷つきと、さらにこころの深い層のNさんの回復力が繋がるための準備を始めたのだと思われます。

Nさんは、イニシャルドリームの報告後に、次のように話しました。

「私にはひとつ違いの妹がいます。私がいたために妹は親戚《しんせき》にもらわれました。そのことで、私は妹に負い目があり、妹が結婚するまで結婚するわけにいかなかったので、プロポーズしてくれた人を全部断りました。私はとにかく母が怖い。すぐ殴ったり蹴ったりする。早く暴力を終わらせるために、自分の感情を出せなかったのです。私が泣いたら虐待は終わらない。だから、つとめて感情を出さないで生きてきました。父が病気になり、母は父の面倒を見ないので、私が見てあげなきゃいけないと思っていました」

二回目の夢の報告も同じテーマでした。

「前回の面接を受けた日の夜に見た夢です。秘密の花園みたいなすてきなところで、子どもが遊んでいました。『ジャックと豆の木』で、ジャックが下を見るような感じで、地面の下が見えます。〝また穴が開いているわ〟と思いました」

Nさんは、次のような連想をしました。「子どもになって遊んでとても楽しかった。最初の夢のときは、子どもと置き去りにされている感じで、周りも白黒でしたが、今回の夢は温かい感じの彩りでした。誰かと三人くらいで遊んでいました」

前回のイニシャルドリームでは、忍者屋敷のような場面でしたが、二回目では、秘密の花園のようなすてきなところで、Nさんは子どもとして遊んでいます。地面の下が見えています。前回の夢では子どもは一人でしたが、今回は三人くらいの子どもと遊んでいます。子どもとして自由に遊ぶことができなかったNさんが、夢の中で遊ぶことを楽しむという体験をしたのです。

その次の面接では、三回目の夢の報告がありました。

「家の周りにいる黒い猫を捕まえました。私は放り出したくて、叫んでいる。子どものときに住んでいた家の裏の景色だった」

Nさんは、黒い猫を放り出したかったのですから、セラピストの〝こころのなかの子ども〟を助けてくれたペルシャ猫とは対極の猫、という印象です。Nさんが虐待されていた子ども時代に住んでいた家の裏の景色だったことからも、黒い猫はNさんにとって嫌悪の存在の象徴として現れてきたのでしょう。

Nさんのセラピーは、夢報告を中心に続きます。

Nさんの母親への恨み

Nさんは子どもの頃の話を語ります。

「私が女の子だという理由で、家事さえしていればいいと言われ、家事をしてからでないと学校に行かせてくれませんでした。遅刻せずに学校に行けるのはまれで、友達と遊ぶこともできませんでした。自分が子どもだから我慢しなければならなかった恨みつらみでいっぱいです。子どもでいることが死ぬほど嫌でした」

私の目を、じっと見て話すNさんの目の奥から〝引力〟が発せられているようです。

私はNさんの体のなかに引き込まれてしまいそうな錯覚に駆られ、抵抗するために身体に力を込めました。すると次第に、無重力の宇宙に入ったような感覚になり、真っ黒な宇宙のなかに放り出され、死の恐怖が襲い、全身から血の気が引いてきたとき、暗闇《くらやみ》の中から干《ひ》からびたナメクジのような姿をした子どものイメージが浮かびました。

この不気味な子どもは、顔がなく、骨のないニョロニョロとした身体を動かし、宙を泳いでいます。ナメクジの子どもは私に近より、身体の水分を奪っていきました。実際の身体にも影響が現れ、喉《のど》の粘膜が張り付きそうなほど渇き、全身がドクドク音を立てて痛み出してきました。干からびて死んでいく恐怖が襲ってきたとき、暗闇のなかから「子どもは死ね」と言う大人の声がしました。その言葉に対して、ナメクジの子どもは怒りの炎を燃やし、声がするほうに身体を巻きつけていき、私の乾いた身体も怒りの炎で燃え、極限の熱さに耐え続けました。その瞬間に、先の大人の断末魔の叫び声がしました。「大人は燃えて死んだ」と思った直後に天から雨が降り、ナメクジの子どもは、つるつるとした身体に生まれ変わりました。現実の私の身体の熱も引いていき、ナメクジの子どものイメージは消えていきました。

このセラピストの体験は、身体感覚を通して個人的無意識の世界から、それよりももっと深い普遍的な無意識の世界へ降りていったことを意味しているのだと思われます。ナメクジのような子どものイメージは、『古事記』に出てくるヒルコ[*1]などとの繋がりも感じられ、元型[*2]的なものであるかもしれません。

こうしたセラピストの体験に導かれるように、Nさん自身が元型的なイメージを生きる作業が始まりました。

現実と対極のイメージで現れた夢の中の母親のイメージ

初回面接から八カ月後に、Nさんは四回目の夢の報告をしました。「イルカがいる海にいました。後ろに船があって、私はそれにもたれかかってとても安心して浮いていました」。

Nさんは、この夢について次のように話しました。「今まで一度もこんな夢を見たことがありませんでした。私は不安もなく、ゆったりと安心して浮いていました。子どものとき、海は近くにあったけど、怖いイメージでした。海って、赤ちゃんのときに浮いている羊水のことかな。赤ちゃんが羊水で守られるように、私も海に守られているようでした」。

イルカは母性的な動物であり、この夢はNさんが、心の中の母親との関係をやり直している体験かもしれません。現実の海や母親は怖いイメージであっても、夢のなかの海や母親イメージは、その対極として現れています。海で安らいでいたのですから、個人を超えた元型的な、肯定的母親体験でしょう。この夢の体験は、Nさんを支えるひとつの力になっていきました。その後、何年も母親のことが頭のなかを占めて苦しかったけれども、日常生活のなかでは母親から支配されることが少なくなってきたことが語られるようになりました。

初回面接から約一年後のNさんの夢報告です。「韓国の小さい女の子が、喉が悪くて咳《せき》をしています。女の子の姿は黒くてぼんやりしている印象です。手当てをしなきゃと思いました」。

黒いこと、ぼんやりしてはっきりしないことは、〝病《やまい》の子どもイメージ〟が無意識に存在していることを示しているのかもしれません。

Nさんは、さらに母親との関係を語ります。「今までの私は、何をおいても母のもとに飛んで行きました。どんなに無理をしてやってあげても、母はやってもらうのが当たり前と思っていて、あとで文句を言ってきます。私は母に愛情をもらえなかった分、なんとかして認めてもらおうと、必要以上に親孝行してきたけれど、自分がどうやって生きたいのか、真剣に考えようと思いました」

その後も、Nさんは母親から虐待を受けた記憶を語りました。「母から暴力を振るわれた後遺症が今も残っていて、身体の調子が悪いので、整形外科の先生に診てもらったところ、『子どものとき、交通事故に遭いませんでしたか』と言われました。私は交通事故に遭ったことはありません。母から受けた虐待を夫に話しても、私は生々しい感情が出ないので、実感としてわかってくれない。子どもの頃は、惨《みじ》めで嫌な思い出ばかりだから、私は二度と子ども時代には戻りたくありません」

Nさんには、これまで多飲症状がありました。「一リットルもの量の水を一度に飲んでいたけれど、今は普通の量の水分で足りるようになりました」と語ります。不安からくる症状だったことに、Nさん自ら気づいています。また、多食だったことにも気づくようになりました。

初回面接から、一年三カ月が経《た》ちました。「初めて、こちらに面接にうかがったとき、面接室のドアを開けた瞬間に、私は自分が〝顔なし状態〟だと思いました。でも今は〝私は人間だ〟って感じています」

顔を真っ赤にし、目に涙をためて、「先生、私、変わりたい」と訴《うった》えるNさんが、輝くような幼い少女に見えました。Nさんが〝顔なし状態〟だったことと、以前、セラピストのなかに生まれた〝顔のないナメクジ〟のイメージに繋がりがあるとすれば、〝顔のないナメクジ〟が元型的な子どものイメージとして、Nさんの心の傷を映し出していたともいえるでしょう。

Nさんの夢報告は続きます。「炊飯ジャーを開けている。グリーン色がとてもきれいで、栗の黄色もとてもきれいでした。ご飯に生命力が溢《あふ》れていました」。Nさんは、この夢について次のような連想を語りました。「あまりにもきれいなご飯だったので、不思議だなと思いました。身体に力が入ってきた気がします」

その次の夢報告です。「家の窓のところから、太った蛇が入ってこようとしています。必死に網戸とサッシを閉めて、家のなかには入れませんでした」

Nさんは、「太った蛇が母そのもののようでした。今も母から、〝私のほうを見てよ〟という感じで電話がかかってきます。うにょっ、とした毒々しい蛇への嫌悪感と、母親に対する嫌悪感はすごく似たものがあります。テレビで虐待のニュースを見ると、はっとします」と語りました。

この後、太った蛇や猫が家に入ろうとする夢報告が毎回のように続きました。Nさんは必死に家に入れまいとします。追い払いたいのに追い払えない蛇や猫を、どう扱うかがテーマとなりました。

「母親切断」によって面接は終結

Nさんは意識がぼんやりしているときに、ドアを開けると可能性を秘めた女の子が出てくるようなイメージが浮かんだ、と述べました。Nさんのこの体験は、精神障害の症状ではなく、最初で述べたセラピストの〝顔なしナメクジ〟の体験と似通ったものでしょう。

Nさんはこの体験を話した後で、「今までは新しいことを行うのはとても怖かった。でも、今は人間関係とかいろいろあるかもしれないけど、やっていけるという思いが強くなってきました」と語りました。

その後、母親との以前の関係を表すような夢報告がありました。「乳母車に猫が乗っています。猫は何枚もきれいな前掛けをしています。その猫は母です。私はその乳母車を押しています」

猫の姿の母親は乳母車に乗り、子どもとして大切にされています。猫につけられた何枚ものきれいな前掛けは、稲荷《いなり》のキツネの首につけた布のようなものかもしれません。

もしもそうであるならば、信仰対象のように尊ばれる存在であり、それまでのNさんと母親の関係を示しているようです。その後の夢では、袋に入れた猫を殺し、その次の夢では、バラバラに干からびた蛇の死骸《しがい》のあるクローバーの草原を、Nさんは気持ちよく歩きます。最後の夢報告では、ズタズタになった鮫《さめ》を一輪の運搬車に乗せて運び、ミンチに切り刻んで捨てました。

Nさんは連想のなかで「母親はミンチになった」と語ります。Nさんが夢のなかで見る車は、乳母車から土砂やガレキやガラクタなど無機質なものを運ぶ運搬車（通称、猫車）に変わりました。運ばれたものは、切断された鮫《さめ》の死骸でした。鮫は恐ろしく貪欲《どんよく》であり、獲物を飲み込み、食いちぎる力の強さから、破壊的な母親のメタファー（暗喩《あんゆ》）になっているのでしょう。

Nさんは、こころのなかの母親を切断し、さらにミンチにすることで、Nさんを傷つけてきた対象である、こころのなかの母親に怒りを向け、母親を切断したのです。ミンチにすることで、恐ろしい母親がこころのなかで蘇《よみがえ》る可能性を打ち砕いたのでしょう。

上品でおとなしい雰囲気だったNさんが、子どものように目をキラキラ輝かせて話すようになりました。初回面接から二年五カ月が経《た》ち、Nさんは「母親切断」という心の作業を終え、面接は終結となりました。〝心理化〟による母親切断は、現実の母親に復讐し、危害を加えるというような、衝動からくる〝行動化〟の悲劇を防ぐことにも繋がります。

面接終結後、Nさんから丁寧なお便りが届きました。多飲、多食がなくなり、体重が五キロ減り、身体が軽くなったこと。仕事も始め、職場の人たちとの人間関係も問題なく、元気に過ごし、未来を信じて生きていくことができるようになった、ということが書かれていました。

※1……ヒルコ『古事記』で国生みのときにイザナギとイザナミとの間に生まれた最初の神。しかし、子づくりの際に女神であるイザナミから声をかけたことが原因で身体に障害がある子に生まれたため、葦《あし》の舟に入れられて流されてしまう。

※2……元型　ユング心理学における概念。集合無意識に存在するもので、個人の意識に強い影響を与える。元型は何らかの姿にたとえられ、夢では元型が擬人化された姿で現れることがある。

■切り捨てた傷を引き戻す

Nさんは、自分自身の問題を解決することを主訴に面接に訪れた方ですので、お子さんがいても、母親面接ではありません。けれども、子どものこころの傷を回復するセラピーという点では、大人の面接であっても、子ども面接や母親面接とプロセスが共通しているのです。人は何歳になっても、こころのなかには、子どもが生き続けています。Nさんのように、何十年も記憶から忘れ去られていたとしても、こころのなかには、傷を負ったままの子どもが存在しています。記憶から消し去った傷のほうが、逆に記憶している傷よりも深いといえるかもしれません。

なぜなら、記憶にとどめておけない傷というのは、治癒されないまま放置されたのと同じだからです。たとえば、交通事故に遭《あ》い、重傷を負った場合、即座に治療を受けなければならないのに、放置されては回復することはできません。こころの傷も、身体の傷と同じです。では、なぜ記憶から切り捨ててしまったのでしょうか。それは、傷の痛みを感じないようにするためです。人間は生身ですから、痛みに耐えるのはとても恐ろしくて、勇気がいります。こころが守られ、支えられているならば、その痛みに耐えることができるかもしれません。

けれども、Nさんのように、世界でいちばん、無条件で自分を守ってくれるはずの母親から虐待を受けていた場合、とても一人で痛みに耐えられるものではありません。よく、「強く生きよう」というスローガンが叫ばれますが、本来強く生きるというのは、傷つくということなのです。これは外的に傷を負う、ということではなく、こころが傷つき、痛みを感じるということです。傷つくと同時に治癒力が働き、傷つくたびに治癒力が強くなるのです。つまり、身体でいえば、切り傷ができたら、自然にかさぶたができて、傷口は埋まりますが、傷ついたと思考でわかっているだけで、実際に傷ついていなければ、治癒力は働きません。神経が生きているなら、痛みを感じますが、神経が死んでいれば、どれだけ傷つこうとも、痛みは感じません。Nさんの場合、痛みを感じる神経は繋《つな》がっていませんでした。けれども、切れていたからこそ、自殺をせずに生きてきたともいえるでしょう。傷の切り離しも、生きていくための防衛なのです。

Nさんは虐待の記憶が蘇り、自らセラピーを受けに来室したにもかかわらず、傷の痛みを感じていませんでした。傷つけられてきた、という事実はわかっていても、エピソードを次々に語っても、真の傷の自覚がなかったのです。

一方、Nさんのお話を聞いているセラピストは、Nさんが自覚できない代わりに次々と傷の痛みを感じるイメージ体験をしていきました。深い層から上がってくるイメージは、夢と共通する体験だといえます。ブラックホール体験も、干からび体験もほとんど死のイメージ体験といえるでしょう。このような体験を極限まで生きることが次のプロセスへと繋がっていき、元型的子どもイメージに出合うことができるのだといえます。

傷を切り捨てることで生きてきたNさんの傷は深層にまで落ちていたのかもしれません。それを引き戻すためには、セラピストが先行体験をする必要があるのです。なぜなら、セラピストがその痛みに耐えられなければ、クライエントさんが耐えることはできないからです。セラピストが生き延びたことを、Nさんの意識ではわからなくても、無意識はキャッチしています。その証拠にセラピストの深い体験ののち、Nさんの内的体験が次々と展開していきました。Nさんの子どもイメージは、韓国の病気の女の子から、元型的な子どもへと展開し、最後には傷つけてきた母親に内的に怒りを向けて切断しました。

Nさんは、切り離していた傷を引き戻し、初めて真の傷の痛みを体験することができました。その結果、傷を治癒させるための治癒力が働き、その後、傷の痛みに伴うこころの深層からの怒りがわき起こり、傷つけてきた対象を殺害することに成功したのです。

世間では、「過ぎたことは忘れて」とか、「前向きに生きよう」というような、ポジティブ志向がもてはやされる傾向がありますが、Nさんの事例からもわかるとおり、辛い体験を記憶から消し去り、傷つきを切り離すことは、根本的な解決から遠のき、目に見えない何者かに脅かされ続ける状態を招くことになるのです。とくに、Nさんのように被虐待者の場合、こころのなかには、傷つけた対象が存在し、傷つけられた子どもが放置されていることが多く、どんなに前向きに努力をしても、こころの奥からわき上がる不安や衝動を抑えることはできません。

この現実を、私たちは理解しなければならないでしょう。そうでなければ、こころが傷ついている人々に対して、よかれと思って、「前に、前に」と、追い詰める事態になってしまうからです。明るさや前向きは、一見、理想的に見えますが、こころを治癒させるためには、暗闇にうずくまることも必要です。そして、このことは、虐待による被害に限らず、本書のすべての事例に共通しているのです。光を生きるためには対極にある闇も生きなければなりません。

その後のNさんは、実母との関係に怯《おび》えることもなくなり、不安に伴う症状や行動はすっかり消失し、社会で能力を充分に発揮しています。職場の人間関係も良好で、家族とも幸せに暮らしているとの情報が得られました。無意識の体験による治療は、薬物治療とは違い、副作用もなく、また、外側からのアドバイスやトレーニングとも違い、症状のリバウンドもないことがNさんの事例からも教えられます。人間の無意識は、根底から傷を回復させるだけの治療力をもっているということの表れだといえるでしょう。

あとがき

本書は、現代の親子関係に悩んでいる方々や、さまざまな症状に苦しんでいる方々に読んでいただくために書きました。けれども、今日子どもたちに起きている多くの現象は、世のなか全体の問題にかかわるテーマであり、現在問題に直面されていない方々にも広く読んでいただきたいと思っています。

読者の皆さんが、この本にヒントを得て、現代に生きるためのこころのあり方を理解してくださるとありがたいと思います。筆者は、現代の大人たちに向けて本書を書きましたが、夫と妻、母親と子ども、父親と子ども、教師と生徒、もしくは子どものこころの援助をしている方々がこの本を読み、自分自身のこころを開こうとしたり、お互いの関係性についていろいろと考えたり、さまざまな問題に気づいてくださることを願っています。

セラピストの内的な体験については、面接中にクライエントに話すことはありません。そのため、本書では、分析心理学に基づく心理療法を少しでも理解していただくために、セラピストは面接のなかで具体的にどのような体験をしているのか、という治療者側の体験を、最後の事例のなかにあえて含めて紹介いたしました。

事例のクライエントの方々は、意識的努力（思考）の限界を体験することと、時代の流れのなかでいつしか忘れ去られた、古代から続いているであろう、人間のこころの深層（普遍的無意識）に対する敬意を、現代に生きる私たちに思い出させてくれたような気がします。それは同時に、今を生きる私たちと次世代を生きる私たちの子どもたちや孫たちの可能性への一歩に繋がると思えてなりません。

子どものこころを傷つけない大人になるために、そして、私たち自身がこころのなかの子どもの傷を回復し、能力を充分に発揮して、幸せに生きていくために、本書を役立ててほしいと、こころから願っています。

本書に取り上げた事例は、雑誌『灯台』に連載された「私のカウンセリング日記」から選びました。連載中はもとより、今回の単行本化にあたり、編集を担当してくださった第三文明社の方々には、こまやかな配慮と心理療法に対する深いご理解をいただきました。こころより感謝申し上げます。そして、たくさんのこころの可能性を教えてくださったクライエントの方々には、困難なこころの作業であるセラピーの過程を乗り越えられた勇気とその姿勢に衷心より敬意を表するものであります。

二〇〇九年八月　千葉県佐倉市にて

網谷由香利

＊事例内容は変えておりませんが、個人のプライバシーに配慮するために、一部変更を加えてありますのでご了承ください。

著者紹介
網谷由香利（あみや・ゆかり）

佐倉心理療法研究所所長。博士（人間科学）。臨床心理士。東洋英和女学院大学大学院人間科学研究科人間科学専攻（臨床心理学領域）博士後期課程修了。専攻は、臨床心理学、分析心理学。主な論文と著書に「心理療法を通して生じる子どもイメージ―『傷ついた治療者』の機能をめぐる分析心理学的一考察―」（東洋英和女学院大学大学院）、「ヒステリー概念による DID 再考―自らを去勢することで願望充足を果たした女性―」（思春期青年期精神医学・JSAP　Vol.15 No.2, 2005, pp.155-164.）、『こころの傷が治った―カウンセリングの現場から（共著）』『不登校・心の病を治す』『子どものこころが傷つくとき――心理療法の現場から』『子どもの「こころの叫び」を聴いて！――笑顔を取り戻すための処方箋』（第三文明社）、『子どもイメージと心理療法』（論創社）などがある。

【佐倉心理療法研究所】の連絡先
電話：043-484-4004（代）（水・金、10 時～ 13 時、14 時～ 17 時まで受け付け）
Fax：043-484-4222（随時受け付け）
E-Mail：personspossible@star.odn.ne.jp（随時受け付け）

【個別心理面接】〈佐倉オフィス（千葉）〉〈三浦分室（神奈川）〉
開室時間＝月～土曜 10 時～ 19 時、日曜・祝日は休室。完全予約制。
各種セミナー（一般、セラピスト養成他）月 1 回日曜日

【フリースペース】〈佐倉〉〈吉倉〉
開室時間＝月～金曜 10 時～ 16 時 30 分、土曜・日曜・祝日は休室。
なお、電話、ファックス、メールでは受け付けのみで、具体的なご相談には応じられませんので、ご了承ください。

こころの病《やまい》が治《なお》る親子《おやこ》の心理療法《しんりりょうほう》

2009 年 9 月 25 日　初版第 1 刷発行
2012 年 11 月 1 日　初版第 4 刷発行

著　者　網谷由香利《あみやゆかり》
発行者　大島光明
発行所　株式会社　第三文明社
東京都新宿区新宿 1-23-5　〒 160-0022
電話番号　03-5269-7154（編集代表）
03-5269-7145（営業代表）
振替口座　00150-3-117823
URL　http://www.daisanbunmei.co.jp

印刷・製本　壮光舎印刷株式会社

ISBN978-4-476-03302-1